JN440709

내 마음에 물망초

Forget me not 勿忘草

김 낙 연 시집

(물망초)

☙ 자서自序

정이월 입춘이 지난지도 꽤나 되었는데도 봄소식은 아직도 더디기만 하더니 만화방창한 봄은 자연의 섭리를 따라 와서 산야와 개울가와 더불어 우리의 마음과 생활에도 춘색의 아름다움과 향기가 넘실거릴 것이다.

영국의 존 바이런은 "누구나 詩를 사랑하며 詩를 읽고, 詩를 쓰면 詩人이다."라고 말했듯이 군산사범학교 학창시절부터 문학의 정서적 향기와 매력에 심취되었다.
김소월, 워즈워드, 릴케, 하이네의 시집을 애송했다. 서울에 계시던 아버지께서 보내 주신 당시 중앙대학교 국어국문학과 원로교수님이시던 백철白鐵 문학박사님이 저술하신 『문학평론』을 탐독하며 시詩 공부에 심취되었다. 시는 몇 연聯으로 표현되어 짧지만 시적인 에스프리esprit를 아름다운 어휘로 표현하는 것이 마음을 사로잡는다. "하나의 시적인 감상을 표현하는 가장 적합한 어휘는 하나밖에 없다"는 교수님의 말씀을 명심한다. 문학적인 소재는 반드시 작가의 개인의 경험에서 유추되어 소재로 삼아야 하는 것은 아니다. 상상적인 이미지의 포맷도 가능하므로 이 시집에 수록된 내용에는 동창, 친구, 지인들과 연관된 삶의 소재를 나의 정서로 용해하여 표현한 글도 있어 시제의 폭을 넓혔다.

그동안 미적대던 시집출판을 위해 매진하기로 작심하고 시작노트를 뒤적이며 백 여 편을 선택하였다. 시심이 척박한 주제에 시집을 낸다는 것은 쉽지 않은 일이다. 반드시 실천하고 싶은 자신과 약속이기에 제5집인 『내 마음에 물망초勿忘草 Forget Me Not』를 상재한다. 시집의 표제는 주제의 시의 대상자뿐이 아니라 모든 시에 소재가 되어 주신 기억에 남는 고마운 분들은 저에게는 한결같이 그리워 잊을 수없는 물망초의 아름다운 대상이시다.

제6부에서는 고등학교 학창시절에 국어교과서와 영어교과서에 실렸던 시와 대학교 전공인 영어영문학에서 배웠던 영시英詩와 교양과목으로 국어국문학과에서 배운 조선시대와 중국의 정감어린 고전 시조 몇 수를 선택하여 함께 감상해 본다. 처음시도했는데 지면관계로 작자의 시를 한 편씩만 소개한 것이 아쉬움이 크다. 외람되지만 지면사정으로 필자의 감상을 먼저 간소하게 표현하였는데 독자님들께서 탓하지 마시고 더 깊으신 문학적인 정서와 지식으로 꿈같은 학창시절의 고운 추억을 회상하며 감상해 보시기를 기대한다.

시집을 출간하도록 부족한 저에게 지극한 사랑과 축복을 베풀어 주신 하나님께 진심으로 감사를 드린다. 분망하심에도 발문을 내려 주신 사단법인 시인연대 회장님이시며 중앙대학교 영어영문학과 교수를 역임하신 최홍규 문학박사(시인, 문학평론가)님께 깊은 감사를 드립니다.

이번에도 미진한 글이 아름다운 시집으로 출간되도록 아낌없는 성원과 정성을 기울이신 도서출판 태영출판사 김현태 대표님과 오세복 상무님, 정심으로 편집과 표지디자인을 해 주신 박천욱 실장님께 감사의 말씀을 삼가 올립니다.

2017년 3월 22일

벽초碧草 서재에서

벽초 김 낙 연 올림

🙞 서시序詩

詩는 꽃이다

모란 목木에선 모란꽃
장미 덩굴에선 장미꽃
국화 초草에선 국화꽃
詩의 행간에선 시꽃이 핀다

꽃마다 꽃말이 있듯이
詩에는 그윽한 시의詩意가 있어
초연超然한 빛깔과 향기를 풍긴다

소월素月의 詩에서
사랑의 만남과 이별의 유정有情을
이백李白의 詩에서
기발한 시상과 시심詩心을
릴케Rilke의 시원詩苑을 거닐면서
애련의 두이노 비가悲歌*를
감상하며 시정詩情의 진수를 느낀다

詩는 꽃이다
詩는 더 아름다운 꽃이다.

* 두이노 悲歌Duineser Elegien
독일의 시인 릴케(1875-1926)가 두이노城 주변을 산책하며 봄바람이 전해 주는 詩想을 10편으로 쓴 연작시로 역사 속에 사무친 '生의 躍動'을 감상적으로 讚揚하는 悲歌이다.

♘ 시의 차례

제1부 내 마음에 물망초勿忘草 Forget Me Not

제2부 정情은 아름답습니다

제3부 모시대 꽃

제4부 인생은 그냥 무상無常하다

제5부 어찌 그리 아름다운지요

제6부 고전시古典詩(時調) 감상

ㅁ 우리時調 · 漢詩

ㅁ 중국漢詩

제1부 내 마음에

물망초勿忘草 Forget Me Not

이름이 아름다운가요? 뜻이 애처로운가요?
물망초는 지칫과의 다년초로 봄부터 여름까지
흰색, 자주색, 남색의 꽃이 핍니다.
사람은 서로 사랑하다 이별하고 잊으려 해도
결코 잊지 못해 마음에 오래오래 간직하고
그리워하며 일생을 보내기도 합니다. 그러한
그리움의 대상을 물망초 꽃에 비유합니다.
이꽃의 꽃말은 영원한 신의信義와 정의情誼입니다.

정인情人

나뭇가지에 소복한 봄눈 녹이고 나온
연홍빛 매화송이
가슴에 청초히 머문 그대 닮으니

창문 열고 맞기엔 처연하고
토방에서 보기가 그래도 애잔하여
가까이 다가 마주서 보듬네

긴 겨울 찬 시림에도 견딘
그대의 선연한 모습
예전처럼 정겨움이 더욱 깊어지니

바람처럼 스쳐간 그 시절
플로라Flora*가 틔워준 정情
올해도 눈 속에 애끓어 꽃으로 피어나네.

* 플로라Flora : 로마 신화의 '꽃의 女神'이다.

해어화解語花*

당신은 꽃이 십니다
철따라 피는 꽃은 아니지만
언제나 곱고 향기로운 꽃입니다

온화한 정겨운 눈빛으로
꽃 같은 고운 미소로
말을 자상하게 들어 헤아리시며
다정한 음성으로 조곤조곤 말씀하십니다

인생의 먼 길을 함께 굽이굽이 헤쳐오시며
저의 심사를 골고루 살피시며
정심情心으로 조언하시며
마음에 모자람을 채우시며
격려로 토닥이며 동고동락하십니다

때로는 눈물로 애원하시며
때로는 손뼉을 치며 함박웃음 지시며
일신일념으로 저의 분신이신 당신
평생의 반려자伴侶者이십니다

그대는 소박하나 향기로운 꽃
언제나 마음에 피어 지지 않는 꽃
천상에 가서도 잊지 않고 그리워할
영원히 시들지 않는 영혼의 꽃이십니다.

* 해어화
옛 중국의 당唐나라 현종玄宗이 사랑하는 양귀비楊貴妃를 일컬어 '해어화'라 했다. 사람의 말을 헤아리고 언행을 분별하는 아름다운 요조숙녀窈窕淑女를 이르는 말이다.

사모思慕

님에게 더 다정다감하고 싶어
더 가까이 다가가도
님은 그만큼 멀어만 집니다

님의 그리움이 아쉬워
심혼心魂을 다 기우려 드려도
그만큼 모자라고 다시 모자랍니다

님을 사모하는 그리움
마음에 가득 더 가득 채워도
그만큼 휑하니 비고 비워집니다

그래도 님이 그립고 그리워
님께서 오심을 기다리며
연민의 정을 고이고이 품습니다

님의 품에 안기리라 믿고 믿으나
님을 그래도 잊지 못해
매일 밤 꿈길에 홀로 기다립니다.

얼레지*의 춘정春情

그리도 기다리던 새봄이 온다
겨울의 추위를 녹이며 피어남이 대견하니
자못 뽐내듯 앞장선 봄의 전령이라
그리도 오만방자한가
타고난 생김이 그래서 그러는가

다른 봄꽃들은 수줍은 듯이 얌전한데
출중한 미색을 뽐내려 그러는가
꽃잎을 발랑 뒤로 젖히고
음흉한 향기를 발산하는 그 심사心思여!
누굴 유혹하려는가

꽃 가슴을 잔뜩 부풀려 드러내고
자주색 꽃대 아래 감춘
너의 은밀한 암술을 열어젖히니
그 당돌함이 가히 파격적이로다

꽃대와 암술을 보호하려는 담대함인가
꽃의 우아함을 돋보이려는 재치인가

저질스럽다 외면하는 사람이나
천박하다 폄하하는 사람조차 없다

푸르른 하늘을 안으려 잔뜩 우러르는
아름다운 봄의 화신花信이여!
얼레지꽃 그대는 진정 꽃의 요정妖精이로다.

* 얼레지 꽃Erythronium Japonicum
백합과의 다년초로서 잎은 난형으로 자주색 무늬가 있으며, 6개의 자주색 꽃잎은 뒤로 펴져 밀리고, 6개의 숫술과 1개의 암술이 있음이 특이하여 가히 꽃의 요정妖精이라 한다.

마 음

마음은 몸 안 어디에 있나요
당신에게 마음을 보이고 싶은데
그 마음엔 저의 사랑이 있는데
마음이 어디 있는지 알 수 없네요

이슬처럼 맑은 사랑의 심안心眼으로
그대의 청초한 모습을 보며
밝은 귀로 다정히 다감히
속삭임을 들으며 말하려 해도
마음이 어디 있는지 알 수 없네요

보드랍고 온화한 넓은 가슴으로
섬세하고 포근한 손으로
품어 어루만져 주려해도
정겨운 음성으로 안위하려해도
마음이 어디 있는지 알 수 없네요

정말 그런가요
마음은 한없이 깊고 넓고 높아

어느 한 곳에 있지 않고
한 몸이 다 마음이라 하시네요

보고 느끼는 것도
듣고 말하는 것도
깨닫고 행하는 것도
한결같이 모두 마음에서라 하네요.

말사랑「사랑해요」

누구나 사랑이란 말을 좋아합니다
사랑하고 싶어 하고
사랑받고 싶어 합니다

사람들은 '사랑해요'라는 말
시간과 장소를 가림 없이
서슴없이 합니다
말만으로는 성이 안차는지
두 손으로 하트모양을 만들어
수선수선한 머리 위에 덧붙입니다

그런데도 무엇이 겸연쩍고 아쉬운지
양손의 엄지와 검지로
예쁜 작은 하트모양을 추가로 선사하며
'사랑해요'라고 애교를 다 하지만
정작 사랑의 향기로운 바람은 고요합니다

스스럼없이 '사랑해요'라는 그 말
그저 말 사랑이 되지 않게

너무 헤프게 남발하지 말고
정말 진정어린 행함이 함께 담겼는지
먼저 곰곰이 생각해 볼 일입니다.

꽃말Floral Image

꽃은 모두 아름다워
꽃마다 예쁜 이름이 있습니다
꽃마다 그윽한 뜻이 있어
그래서 꽃은 곱고 더욱 향기롭습니다

창조주는 하늘과 땅을 창조하시고
하늘엔 해와 달과 별
땅엔 바람과 물을 두시고
아름다운 풀꽃과 나무 꽃을 피우셨습니다

꽃들은 향기와 예쁜 열매를 주니
인간은 꽃의 아름다움에 매료되어
예쁜 이름을 지어 보답해도 아쉬워
그윽한 뜻을 가진 꽃말까지 선사합니다

하지만 들에는 그런 이름도 없이
사람들의 시선과 관심 밖에 피었다
아무도 모르게 쓸쓸히 지는 들꽃들은 슬픕니다

사람은 꽃보다 아름답다는 노래가
감동스럽게 회자膾炙되어 불리고
부모는 태어난 예쁜 아기에게
복스런 예쁜 이름을 지어주며 행복합니다

인정이 메마른 삭막한 사회 곳곳에는
부모의 사랑 없이 들꽃처럼 외롭게 태어나
이름도 없이 입양을 기다리는 아기들
고운 이름을 지어주고 부르며 보듬어
사랑으로 키워줄 부모를 기다리고 있습니다.

그 날의 만남

세월은 사람의 마음보다 더 무정하다
마음은 늘 가까이 있어도
발길을 머뭇거리며 지체하는 사이
시간은 재촉하듯이 서둘러 간다

연년年年이 속절없이 지나간 후
기다리던 그날은 왔지만
저마다 인연에 매인 서러운 노년이라
저 푸른 하늘같은 꿈은 고사하고
색 바랜 낭만의 향기조차 어이 있으랴

만남의 구실조차 궁색하니
눈빛조차 마주침이 어색하다
그나마 핑계스런 꾸밈말조차
어찌 못해 바람개비처럼 돌기만 한다

괜한 한담만 주섬주섬 들추니
카프치노커피의 향香조차 떨떠름하다
다행히 천성이 고운 성품이라
투정 없이 마음을 기울임이 위안이다

옷깃스침 아닌 마음이 닿아서 인가
어렴풋이 간직하던 모습이라
또렷이 가슴에 새겨 그리니
언제 우연히 마주쳐도 망설임은 없으리라.

내 마음에 물망초*勿忘草(Forget Me Not)〈1〉

- 윤 아그네스* 수녀님의 선종을 애도하며

그대 아그네스 수녀님이시여
님은 초향草香이 그윽한 새아침에 피어난
해맑은 한 송이 고운 흰백합화였지요

님은 세속을 떠나 일생을 순결하게 살리라
다짐의 초심을 고이 간직한 채
외면한 애달픈 인연들을 가슴에 묻은 채
애상에 젖은 은은한 향기를 지닌 채
청초한 모습으로 지고지순하게 사셨지요
내내 곱게 피어 있다 져간 한 송이 꽃이였지요

그리운 님이시여
잊은 듯이 보내는 세월은 물결조차 잔잔한데
이렇게도 그리워 보고 싶을 가요
이렇게도 마음이 저려 아플 가요
얼마나 애잔한 세월이 더 가고 가야
얼마나 애타게 더 눈물을 닦아야
님이 남긴 이 아린 상처가 아물가요
님의 청순한 모습이 저를 떠날가요

님의 숭고한 신심信心에 영혼조차 몰입되어
오롯이 홀로 울고 울다 기진한 마음엔
하염없이 스미는 아픔에 저린 가슴엔
이제는 더 쏟아 낼 눈물이
이제는 더 뱉어 낼 탄식이 아직 남았으리오

님이 남기신 그리움 못 잊어하면
깊은 이 상처 다시 덧나 아플 줄을 알면서도
낫지 않을 이 아픔 견디지 못할 줄 알면서도
제 몸이 무너져 분화되는 순간까지
님에 향기로운 추억을 간직 하리이다

님이 먼저 가시니 적막한 세상 어디서
위로을 받으리오
평안을 찾으리오
오로지 한 마음으로 님을 연연불망戀戀不忘하며
애달픈 연민의 길을 고이고이 가리이다

그리운 님이시여
하늘나라에서 그 언제 다시 뵈올 때까지
인애하신 주님의 품안에 안겨
아름답게 그 모습대로 피어 영생하시옵소서.

* 물망초勿忘草 전설 : 시평詩評'(p. 239) 참조

* Saint Agnes(291-304) 聖 아그네스는 처녀로서 "예수그리스도 이외에는 배우자가 없다."하며 로마에서 순교하였다.
그의 영세 명 '아그네스'는 '순결'의 뜻이며 많은 청순한 가톨릭 여성 신자들이 선호한다.

그대를 보면

- 지향 시인을 생각하며

그대를 보면
마음씨 고운 막내 누님 같아
'누나' 하고 어리광 부리고 싶어집니다
버릇없이 굴어도
다정한 음성으로
타이르다 우실 것 같습니다

그대를 보면
초등학교 1학년 담임선생님 같아
'선생님' 하고 달려가고 싶습니다
짓궂게 말썽을 부려도
잔잔한 미소로
포근히 안아 용서해 주실 것 같습니다

그대를 보면
깊은 신앙심에 잠기신 수녀님 같아
'수녀님' 하고 다가가고 싶습니다
잘못한 허물도 고백하면

따뜻한 가슴으로
포근히 감싸주실 것 같습니다

그대를 보면
인자하신 어머님 같아
'어머니' 하고 안기고 싶습니다
낙심하고 방황해도
끝없는 사랑으로 따뜻하게
보듬어 새 힘을 주실 것 같습니다.

애정哀情

- 세월호 참사 희생자들의 명복을 기원하며

오열하며 너의 이름을 부르다
비탄에 목이 메어 아픈 가슴은
피눈물만 하염없이 고여
노을바다가 된다

홀연히 떨어진 예쁜 꽃송이
차가운 파도에 밀려 멀어만 가는구나
여린 네 손을 잡으려다 그만
파도 속으로 놓아야만 하는가
품에 안으려다 그만
하늘나라로 보내야만 하는가
아, 애처로운 너의 화혼花魂이여!

너와 함께 살아온 행복한 그 날들도
허공에 흩어지는 고운 추억들도
차가운 바다 속에서
무서운 암흑 속에서
너와 고이고이 엮어온 매듭을 끊고
너와 영원히 작별을 해야 하는구나

혼심魂心을 다해 수를 놓듯이
한 땀 한 땀 엮어온 정과 정情
한기에 싸여 애절히 울부짖으며
속절없이 싸늘히 식어가는 너의 영혼!

간직하려니 너무나도 애달파서
잊으려니 너무나도 그리워서
나도 너를 따라
내 안에 지는 꽃이 되어야 하리라.

허공에 흩어진 꿈

가슴에 바람이 일고
마음에 파도가 일면
오롯한 추억의 흔적에 매몰된다

들 꽃잎 지는 황량한 가을 들길에서
작별하고 돌아서는 그대
산모퉁이 돌아 사라질 때까지
그대 그림자조차 눈바래기로 보냈다

언제까지나 그대 곁에 그림자처럼
가슴에 숨결처럼
서로 등받이가 되자던 그대
허영에 영혼을 잃고 그리 추락했다

새가 되고 싶다
날개가 있어야 새가 될 수 있다
날 수 있어야 행복할 수 있다
그 꿈은 별조차 없는 하늘에
신기루처럼 흔적도 없이 흩어졌다

자신을 괴롭히던 숱한 상처
욕망에 구속된 교만한 미소
외로운 병상에서 세상과 작별할 때
허영심은 허공에 회한의 눈물로 뿌려졌다.

오랜 기다림

자귀나무에 쌓인 눈 녹으면
작별 후 꽃이 다시 피고 진지
오랜 반세기의 긴긴 세월이 흘렀네요

어쩌다 추억 속에 조차 끊어진 인연
다시 닿아 오신다니 반가움에
님 마중 생각에 한밤을 하얗게 지샜지요

님이 가실 제는 다시 만나리라
다짐하던 그 고운 얼굴
무정한 세월의 무게에 어이 변치 않았으리요

삶의 울타리에 갇혀 맴도는 추억
님 생각 거듭해도 옛 모습만 떠올라
그냥 스쳐 지나치시면 어찌 하나요

초조한 심사는 괜한 걱정이라
님이 먼저 알아 다가와 손잡더니
주름진 눈가엔 금세 눈물이 고여 젖네요.

아리랑과 진달래꽃

- 가사를 다소 변조했음을 양해바람

오는 임은 곱상이지만
가는 임은 밉상이라 했던가
하지만 오는 것도 정이며
가는 것도 정에서 비롯된 사연이리라

날 좀 보소 날 좀 보소
동지섣달 꽃 본 듯이 날 좀 보소 애원하며
한 백년 함께 살자 다짐하던 내 임
어이해 마음 변해 밉상이 되어
동구 밖 고개 넘어 가시는가
이 내 가슴이 아리고 쓰라려
아리랑 쓰리랑 탄식하며
약속한 임이 십리도 못가 발병이 나서
돌아오길 빌어보면 이떠하리(밀양 토속민요 아리랑)*

오히려 이러면 애틋함이라도 더하리라
나보기가 역겨워 떠나가시는 임
고이 보내드려야지 붙잡은들 어찌하리

진달래꽃 아름아름 따다 가실 길에 뿌려드리오니
가시는 걸음걸음 그 꽃 즈려밟고 가셔도
눈물 안이 흘리리니 부디 성히 가시옵소서(김소월의 시)*

어찌 두 이별의 심정이 이리도 다를까
만남은 이별의 시작이고
이별은 만남의 시작이라 했는가
그간 함께 지내온 정분이 사랑이라면
가시는 임은 고이고이 보내드림이
고운 정이요 아름다운 사랑이리라.

* 밀양아리랑
밀양지역 토속아리랑 가사의 일부로 동지섣달 찬 고난도 참고 견디고 피어난 아가씨의 애타는 순정이 외면당하니 그 마음이 오죽이나 아리고 쓰리릴까 그 애증이 측은하다.
밀양아리랑 정선아리랑 진도아리랑은 3대 전통아리랑이다.

* 진달래꽃
시인 김소월(1902-1934)이 쓴 그의 대표적인 서정시다.
평북 정주에서 출생하여 배재고, 동경상대에서 수학하였고, 《금잔디, 산유화, 엄마야 누나야, 예전엔 미처 몰랐어요》 등 많은 애창시를 남겼다. 이별하고 가시는 님이 원망스럽지만 첫사랑을 꽃피운 약산의 진달래꽃을 아름아름 따다 눈물인양 뿌려 꽃길을 만들어 주는 그 마음이 너무 곱고 애처롭다.

해조음海潮音

사시사철 녹색의 향긋한 이름조차 설은
후박나무 생달나무 감탕나무 숲이
바닷가를 고운님 눈썹처럼 에워싼 채
억겁의 세월동안 갯돌해변*은
조물주造物主의 솜씨로 조형造形되어 온다

긴긴 세월 밤낮 멈춤 없이
파도와 정답게 속삭이며 몸을 부비며
닦아 온 검듯 푸르른 색깔을 낸
몽돌들이 헤아릴 수 없이 첩첩이 쌓여있다

달의 힘을 받아 파도가 들고 나갈 적마다
달그락 잘그락 차르륵 사그륵
신비한 긴 여운의 소리를 내며
조약돌은 파란 물결소리 맞춰 구르며
진주 같은 몸매를 몽글몽글하게 다듬는다

밝은 달밤이나 그믐밤이나
사시사철 쉼 없이 자연이 내린 천명이거니

반복되는 단조로운 파도와의 어울림
아름다운 천상의 화음인 해조음을 연주한다

학창시절 해변을 함께 거닐던 아내가
밀려오는 파도를 보며 나이에 맞지 않는 가요歌謠
해조곡海潮曲*을 부르던 청아한 목소리
지금도 내 가슴에 파도에 묻혀 아련히 들려온다.

* 전라남도 보길도 동남쪽에 있는 해변이름이다.
* 해방 후에 이부풍 작사, 손목인 작곡으로 이난영이 부른,
지금도 우리의 가슴에 공명하는 그리운 인기 가요다.

꽃과 사람의 한살이

꽃은 모양도 빛깔도 고와
향기가 그윽하고 달콤해서
벌 나비가 찾아 날아와서 반긴다

화려한 아름다움도 때가 되어 시들면
꽃잎은 하나하나 떨어져
바람 따라 정처 없이 날려가지만
새봄이 오면 옛 모습그대로 소생하리라
꽃은 슬퍼하지 않는다

하나님은 꽃 같은 인간에게도
밤낮으로 알맞은 햇빛과 바람과 비
달과 별빛을 골고루 내리시지만
인간의 유한有限한 삶은 슬프기 한이 없다

사람은 꽃보다 아름답다 하지만
어이한들 인간을 꽃에 비하리
꽃은 시들어도 꽃말과 함께 남는다

사람은 고왔던 짧은 시절 속절없이 가면
서글프고 처량하기 그지없어라
누가 달래며 위로 하리
누가 그대 그리워 애달프다 위로하리.

산山의 가르침

산은 태초부터 거기 터를 잡고
하늘 향해 솟아올라 미동도 없이
속세와 사람을 바라보며
텅 빈 숲에 바람을 채워 노래를 한다

청산 안에 계곡을 향해 귀를 기우려
흐르는 청아한 물소리를 명상하면서
지자요수智者樂水*이니
상선약수上善若水*의 도를 가르친다

산은 계절의 변화에 순응하며
말없이 침묵하고 있지만
많은 것을 보이고 들려주며
많은 것을 가르치고 사색하게 한다

속세의 탐욕과 명예로 오염된 인간에게
성선性善*의 초심을 변치 말라
원망과 탐욕을 버리라
허영과 위선을 털어내라 한다

참다운 인성의 가치와 깊이를 헤아리라
바른 도道를 밝혀 깨닫게 하니
산은 모름지기 현자賢者로다
인자요산仁者樂山*이라 가르칠 뿐이다.

* 지자요수智者樂水
슬기로운 사람은 인성이 물의 이치를 닮아 맑고 정결하다.

* 상선약수上善若水
노자老子(?~?)는 周나라의 도가사상가로 저서 《도덕경道德經》에서 가장 훌륭한 善은 물의 성품과 같다 하여 속세를 살아가는데 도덕적인 '처세률 7善'(생략)을 강조하였다.

* 인자요산仁者樂山
인자한 사람은 산의 가르침을 좋아하여 산같이 언행이 은인자중하다.

* 성선설性善說과 성악설性惡說
맹자孟子(BC 371~289)는 "인간의 본성은 선하게 태어난다."는 인성학설을 주창하였지만, 순자荀子(BC 300~230)는 "인간의 본성은 악하게 태어난다."는 인성학설을 주창했다.

대관령의 낙원樂園

대관령에 눈부신 햇살이 퍼지니
새아침이 밝는다
맑고 푸른 하늘
청량한 바람
싱그러운 초원草原의 향기
여기엔 천사 같은 심성의 양들이
깨끗하고 포근한 하얀 털옷을 입고
청아한 목소리로 아침을 노래한다
순진한 품성으로
먹이를 나누며
다툼 없이 어울려 자란다
정성껏 만든 고양분의 젖을
아침마다 망설임없이 그저 내주고
겨우내 간직한 포근한 털을
내 것이라 않고 아낌없이 벗어준다
마지막엔 작은 육신까지
식재로 모두 내어준다
양들을 분신처럼 정을 베풀며
품에 안고 사랑으로 보살피며

밤하늘의 달과 별들을 함께 바라보며
티 없이 맑게 사는 젊은 부부
이 세상에 아담Adam과 이브Eve*다
우리도 양처럼 이들 부부처럼 살아야 하리라
대관령목장은 땅에 작은 에덴동산*이다.

* 아담Adam과 이브Eve
태초에 하나님이 창조하신 최초의 인류의
조상인 남자와 여자다.(창세기 1장 27절)

* 에덴동산Garden of Eden
여호와 하나님이 동방의 에덴에 동산을 창조하시고
그 지으신 사람을 거기에 두시니라(창세기 1장 8절)

춘래불사춘春來不似春

겨울과 봄은 사이좋은 오랜 연인이다
살 속을 파고드는 찬바람을 견디며
봄에 화사한 꽃다발을 안기며 가는 시늉을 한다.

그러던 겨울은 언제 토라졌는지
때만 되면 못 된 심사가 터져
오는 봄 길에 개나리 진달래꽃은 고사하고
예쁜 옷치장도 못하게 훼방을 부린다

다른 계절은 오는 계절을 반기며 가는데
겨울은 화사한 춘정이 그리 못 마땅한가
가시바람을 몰고 와서 봄이 옴을 더디게 하며
애탄 봄 길을 막고 장난치는 그 심사여!

겨우내 삼한사온의 섭리도 어기더니
동장군의 기세로도 성이 다 안 풀렸는지
꽃이 핌을 시샘해 몰아붙이는 그 심술이여!
옷깃을 여미며 춘래불사춘이라
자연의 섭리라 위안을 받는 봄의 온화함이여!

입으로는 인간애를 부르짖으며
인정이 넓고 인품이 포근한 양 위장하고
허세로 약자에게 갑질하며 안팎이 다른
인간의 탈을 쓴 매몰찬 측은한 모습이여!

* 춘래불사춘春來不似春

중국의 4대 美人(楊貴妃, 西施, 貂嬋)의 한 사람인 왕소군王昭郡은 전한前漢의 9대 황제 宣帝의 후궁이었다. 북방의 훈족의 군주인 호한야선우呼韓耶墠于에게 외교적인 문제로 시집을 보내게 되었다. 그녀가 선우와 국경을 넘어갈 때 한 무리의 기러기들이 슬피 울면서 날아가자 그녀는 자작시를 비파를 연주하며 부르면서 심난한 마음을 달랬는데 그녀의 노랫말에 "春來不似春"이라는 말이 나온다.

"胡地無花草 훈의 땅에는 꽃도 풀도 없으니
春來不似春 봄이 온다한들 봄 같지 않겠지"

이때 기러기들은 그녀의 미모와 노래에 넋을 잃고 날개 짓을 안 해 떨어져서 죽었다. 그 후 왕소군을 '낙안落雁'이라 부르기도 했다.

제2부 정情은 아름답습니다

사람은 정으로 만나서 서로 사랑하고
미워하다가도 화해하고 어쩌다 헤어지면
다시 더 그리워 만나는 운명을 갖고 있습니다.
정으로 함께 한 그 사연마다 오묘한 정의
깊이를 헤아릴 수는 없지만 정은 향기롭고
아름답습니다. 어느덧 지나온 아련한
인생길을 돌아보면 희미한 추억조차도 아쉬운데
정 때문이라 떨쳐 낼 수도 없습니다.

정情은 아름답습니다

정겨운 눈빛으로
정으로 만남을 기뻐하듯이
애잔한 눈빛으로
헤어짐도 슬퍼합니다
사랑하며 함께 보낸
세월동안 켜켜이 쌓인
별같이 아름다운 추억들
잊혀 지지 않으니 행복합니다
다투다가 포용하며
미워하다 다정해지며
헤어지면 더 그리워
잊지 못해 다시 만나니
모두 한 마음에서 비롯됨이니
정인 까닭입니다.
그러기에
정은 사랑입니다.
정은 참 오묘합니다
정은 참 아름답습니다.

정情〈1〉

'情'글자는 '마음심心'자와
'푸름과 봄 청靑'자가
어울려 만들어진 정겨운 글자입니다

情은 마음의 바탕이고 사랑의 향기니
情이 깊은 사람은
성품이 맑고 곱기 그지없습니다

情은 연분의 고운 색실로 짜여
맺어지면 풀어짐도 끊어짐도 없이
천년사랑의 정본을 남기고
情답게 금슬 좋은 부부로 해로합니다

언제 작별하게 되어도
그리워함도 情이고
다시 만남도 情이라
굳이 슬픔을 달래지 않습니다

별빛 같은 연민의 情으로

이 세상에서 이룬 사랑 마치면
저 천상에서 이어지리니
그대와의 情은 변함이 없음이리다.

정情〈2〉

유정희柳情嬉*

봄에 꽃이 피는 것처럼
잊은 듯 없는 듯하다
살포시 피어나는 것이 情이지요

모르는 새에 움이 트고 피어
당신 옆에 안겨도
마음 한가운데 자리해도 모르시니
情은 야속해하기도 하지요

봄이 떠날 쯤에야 情이 고이 들면
그제야 비로써 아시려나
情은 고아하고 정겨우면서도
심술이 심해 때로 토리지기도 하지요

情은 가는 봄을 따라 끊지 아니고
없는 듯 늘 당신 곁에
다소곳이 솟아나는 연심戀心이고 싶어요

* 유정희柳情嬉 시인의 詩는 정情〈1〉에 대한 답시로 보내온 것을 정情〈2〉로 옮긴 것이다.

ㅁ옛 희랍의 어느 賢者는 말했다. 뿌리 깊은 나무는 꽃은 시들고 열매는 사라지고 잎사귀는 단풍이 되어 떨어져도 그 인연으로 그 자리를 떠나지 못한다. 이처럼 情이 깊은 사람은 그 맑은 정이 고여 샘이 되어 나무처럼 누구에게는 잎사귀와 꽃이 되고, 열매가 된다고 했다. 情이 응집되어 애정Affection이 되고 별처럼 영원히 반짝이는 사랑이 된다.

만남의 행복

부모님과 만남의 은덕으로 태어나
아름다운 세상
이 안에서 살고 있으니 행복합니다

천상의 연분으로
당신을 만나 가정을 이루니
사랑의 축복이라 행복합니다

당신과 받은 사랑의 선물
사랑스런 자녀들과 만남으로
가족을 이룸은 가장 큰 행복입니다

당신과 고운 소망을 향해
손잡고 고난을 헤쳐 온 추억들
미래에도 함께하리니 행복합니다

신神의 가호와 은총으로 해로하며
세상의 삶 다 마친 후에도
낙원에서 당신과 다시 만나리니 행복합니다.

화몽花夢

정심으로 꽃씨를 심으면서
피어날 꽃을 기다리면
화정花情이 꽃 색결처럼 곱기를
향기가 가슴에 가득하기를
봉오리가 터질 때까지 기원합니다

매년 변함없는 같은 모양으로
꽃이 피기 시작하니
지난해 꽃을 닮아 사랑받으며
한 삶을 곱게 보내기를 염원합니다

꽃은 꺾이어 팔려가도
아파하며 괴로워 않으려니
그 곳에도 그대를 반겨
가슴에 안아 사랑주리라 믿음입니다

계절이 바뀌어 시들어도
아쉬워 섭섭함 헤아리지 않으려니
피어서 사랑 받았음에 감사하며

이 모습대로 다시 피어나리니
그 계절이 올 때까지 정심으로 기다립니다

사람도 꽃처럼 산다면
아련한 꿈 속에서 봉오리 맺혀 터질 날
송이송이 깨어나 춤추며 날아갈 것입니다.

로미오Romeo의 사랑고백

로미오와 줄리엣*은 서로 사랑한다
하지만 두 가문은 오랫동안
반목하는 앙숙지간 이다

달빛이 은은하게 밝은 밤
로미오는 줄리엣의 방 창문아래서 예전처럼
사랑의 세레나데*를 애절하게 부른다
그 녀의 가슴엔 감동의 잔물결이 치고
마침내 창문을 열고 밝은 미소를 보낸다

그들은 달빛에 물든 파도가 잔잔한
아늑한 호숫가를 정답게 손잡고 거닌다
로미오는 오래 벼르던 사랑을 고백한다
"줄리엣, 나는 저 둥근 달님에게
 내 사랑을 굳게 맹세하오."
그녀의 반응은 뜻밖에도 시큰둥하다
"저 달은 날마다 변해서
 믿을 수가 없어요."
잠시 주저하던 로미오는 정색을 한다

"나는 그대에게 아침마다 솟는
  찬란한 태양이 되오리다."
"태양은 매일 밤마다
  어둠에 맥없이 쫓겨 가지요."
로미오는 몹시 당황한다
"항상 뜨거운 사랑으로 가득한
  심장을 바쳐 영원한 사랑을 다짐하리다"
줄리엣은 비로써 진정한 사랑을 확인하고
그의 가슴에 안긴다
반짝이는 별빛이 꽃가루처럼
현란히 내리며 축복한다

마침내 하늘이 내린 축복의 날
그들은 로렌스 신부神父의 주례로 결혼하지만
양가는 원한의 비극은 재연 되어
로미오와 줄리엣은 자결로 사랑을 끝맺는다

진정한 사랑의 정의定義는 무엇인가
그 종말終末은 무엇인가
행복일 수도 있지만
오히려 불행일 수도 있다.

* 로미오와 줄리엣Romeo and Juliet
영국의 대文豪인 W. Shakespeare(1564-1616)의 대표적인 작품으로 《햄릿Hamlet, 리어왕 King Lear, 오셀로Othello, 맥베스Macbeth》는 그의 4대 비극과 함께 최고의 걸작이다.

* 세레나데Serenade(小夜曲)
18c 유럽에서 유행되었던 사랑의 표현으로 남자가 연인의 집의 창문 밖에서 사랑의 고백으로 부르던 戀歌다.

백자白瓷

은하에서 날아온 어느 행성인가
신비한 빛과 색色
우아한 자태로 앉아있다

눈부신 백옥모시차림
연인의 소심素心을 품었으니
그대 안에 감히 머물 데가 있을가

아담하게 부푼 몸매에 배어
넘칠 듯 차있는 은은한 오랜 비련
몰래 다가가 조금은 헤아려보고 싶어라

아무리 애쓰며 안으려 해도
보드라운 하얀 날개로
아스라한 하늘로 날아 갈듯 고적하다

물안개 속에 비상하는 백조처럼
돌아서면 잊혀 질까 아쉬워
그냥 바라보며 간직해야만 하리라.

천년의 미소微笑

- 半跏思惟彌勒像을 대하다.(국립중앙박물관)

부처님의 대자대비하신 은덕을 크게 입으시고
불심불력으로 정토중생구제의 큰 뜻 품으시니
연화대蓮花臺위에서 반가부좌로 사유하시며
천천 년 번뇌 하시도다

님의 온화자비 하신 모습
님의 심오각성 하신 미소
성결하신 지혜로 깨달음의 희열喜悅이시로다

불사성업聖業위해 돈오頓悟의 불심으로
인생의 무상함을 극기克己하시며
온갖 유혹과 재앙 물리치시며
속계俗界에서 무언설도無言說道하시도다

반야바라밀다般若波羅蜜多*라 하시니라
색즉시공色卽是空*이니
색불이공色不異空이라

만상의 존재이치를 깨침이 최고무상의 지혜이니
속계의 모든 물질物質은 공空이며
색은 곧 물질이라
허망한 속심속욕俗心俗慾을 번제煩除하시고
해탈解脫하시어 열반涅槃에 높이 이르시도다

암흑에 나락奈落한 중생구원의 참 빛의 일념으로
영심靈心일체로 강림설법降臨說法하시며
영원불멸의 구도위한 사유思惟의 경지에 이르시니
중생심령에 임재계도臨在啓導하시는 미륵보살님이시도다

* 반야바라밀다般若波羅蜜多
  부처님의 가르침의 핵심으로 불계의 理想鄕의 彼岸에 이르도록 하는 최고무상의 智慧를 이름이다.
* 색즉시공色卽是空(공즉시색空卽是色)
  반야심경般若心經에 나오는 말로 세상에 존재하는 모든 것은 형체(色)는 공空이라는 말로, 모든 형상은 일시적인 모습일 뿐 형체는 없다.(색불이공色不異空 공불이색空不異色)

기다림의 연정戀情

달빛이 은은한 밤
당신과 맺은 정연한 사랑
박꽃인양 다소곳 환이 피었습니다

당신이 하염없이 그리워
가실 적 이맘때 오신다 하신 언약
그 말씀에 매여 보낸 애잔한 세월은 긴데
여태 기별조차 없으십니다

먼 길 돌아오시니 지체하시리라
당신에 향한 정심은 흔들리지 않고
한결같은 오랜 기다림도 원망 않고
당신을 향한 연정은 더욱 깊이 다져집니다

박꽃*의 그 순백의 화심花心으로
일촌간장의 심정으로 기다리니
저의 애절하며 순결한 연심戀心
교교한 달빛 속에 향기로이 깊어만 갑니다

어찌 바로 오시지 못할 사연이시라면
오늘 밤 꿈길에라도 오시어
별빛처럼 제방 안에 머물다 가시리이다

당신을 연연불망 기다림의 기쁨
오히려 저의 삶에 위안이 되리니
오늘이 되는 내일도 오늘처럼 기다립니다.

* 박꽃의 꽃말 : 기다림, 그리움, 순결, 동경憧憬

사람의 나이

나이는 어떻게 알 수 있는지
궁금해서 물어 본다

어머니는 환갑을 훨씬 넘기셨으니
백발과 주름살을 보면
짐직 할 수 있다 말씀하신다

이모는 늘 화장에 정성을 쏟으니
살결을 보면 알 수 있다며
곱상한 미소를 지으신다

선생님은 모르시는 것이 없으시니
생년월일을 보면 쉽게 알 수 있다
수월하게 설명하신다

신부님은 차분히 말씀하신다
맑은 눈과 밝은 귀로 언행을 보고 들으면
진정한 나이를 알 수 있다 하신다

나이의 참다운 가치는 무엇인지
언행의 바름이 무엇인지
곰곰이 음미하며 가늠해 보면 알 수 있다.

가는 세월을 따라

단풍가지 사이 휘영청 밝은 달 바라보다
술 한 잔에 세월을 한탄하며
시름을 다래려니 시詩 한 구절 생각나네

"산은 강물을 건너지 못해 강가에 서 있고
(山不渡江江口立 산부도강강구립)
물은 돌을 뚫치 못해 돌 머리를 돌아가네
水難穿石石頭廻 수난천석석두회)"김병연*

"낙엽도 푸르던 잎을 붉게 비춰 부수더니
(最憐照破靑嵐影 최련조파청람영)
웬일인가 검은 머리 재촉하며 희게하네.
(不覺催生白髮莖 불각최생백발경) 김장용*

스치는 바람에 시드는 풀꽃처럼
어느새 멀리 가버린 젊음
어찌하여 그리 애처로이 탄식하느냐

지난밤 홀로 나목裸木 옆에 외로이 서서
무심히 가는 세월 원망하며
처연히 기우는 달이라도 붙잡으려 하였네.

* 김립(김삿갓) : 본명 金炳淵(1807-18630) / p. 206 참조.
한평생의 방랑생활에 청춘은 간데없고, 인생의 유유자적함을 읊은 「산수시山水詩」의 한 구절이다.

* 이장용李藏用(1201-1272) 고려시대 문신, 號 文眞.
인생의 아름다움의 허무함과 꿈같이 다가온 노년의 무상함을 읊은 시 「홍수紅樹」의 일부이다.

유정有情

물결이 유유히 흘러가는 것처럼
세월은 무심히 가고
정처 없이 부는 바람에 얹혀
희미한 삶의 추억도 흔적 없이 사라진다

오래오래 벼르던
그대와 만남의 다짐도
나뭇잎처럼 탈색 되어간다

진정 무정無情 탓인가
눈에 안 뵈면
마음에서 멀어진다 해서인가

사랑함도 정이요
그리워함도 정이니
미워함조차도 정이란다

이제 어찌 하리
꽃같이 피다 진 인연이라

그래도 별빛 같은 정이라
플라토닉한 정*이라 미화美化하리라.

* 플라토닉한 정Platonic Love : 순수한 情, 청순한 사랑

계절을 잃은 인생

춘화春花는 벌써 피었으니
봄이라 하던가

산산 마다
산꽃들이 만발하고
들들에도
들꽃들이 넘실거려야
봄다운 봄이던가

지나온 기나긴 무극無極의 시간도
바람처럼 스쳐지나
어느새 인생의 가을은 끝남이 아니던가

굽은 몸을 고추 세우려 하나
남은 기력조차도 애잔하며
흔적도 남김 없음을 한탄恨歎하며
저 높은 준령峻嶺을 구비구비 넘으리라

푸르른 빛깔은 탈색되어 사그라지면
설화雪花는 허공에 분분하리니
봄을 다시 기다림 없는 인생은 서글프다.

매화 꽃병

햇빛이 가끔 드는 방 한구석
장식장 위에 놓인
매화 꽃병이 예쁘다

매화무늬가 박힌
주단紬緞 한복을 입은 채로
방금 화장을 마치고 돌아앉은
임처럼 단아하다

세상 모든 것이
인연因緣에 얽혀 만나 맺음이니
임은 오로지 그러하다

계절 따라 야생화를 안음이 고작이나
소박한 임은 심성이 그리 고운가
지금껏 푸념도 타박도 없다

정작 매화梅花의 연緣은 먼지 오래건만

임은 소소素素한 차림으로
맑은 정情을 머금어 샘같이 베푸니
내내 그 모습으로 가슴에 머물러 있으리라.

가을의 전설傳說

가을은 가을은
변하는 자연과 바람 따라
세월 속에 인생처럼 쉬이 오고가니
조상님 대대로 그러한다

풍년이나 흉년이건 달맞이 하며
어떻게 모나지 않게 살까
행여 소원을 빌면 될까
휘영청 둥근 달을 가슴에 고이 품는다

애처로이 구겨진 마음
보름달처럼 맑아 고고하기를
옹색한 삶이 환히 펴지기를
마음이라도 넉넉하기를 빌며 살아온다

가을이 깊어가니 허허 심난하여
오곡백과 송편을 빚고 인절미를 찧어
오는 해의 소원을 비는 잔치를 베풀며
신명난 농악놀이에 한 시름을 달래 보낸다

이래나 저래나
계절처럼 인생도 함께 시듦이 서글퍼
한 잔술에 취해 가는 세월 달래보니
인생은 낙화유수落花流水라
허무하고 유한하다 그저 옛말이 아니로다.

미인도美人圖 감상鑑賞

미인도에 아름다운 여인들의 자태
화사한 비단의상으로 곱게 단장한
조선여인의 우아함에 탄복이 넘쳐나네

향기로운 목련꽃 옆 미소를 머금은
청순한 여인의 그윽한 용모
나비들도 앉은 곳을 찾지 못하는듯하네

대청마루에 목단다홍치마를 펼치고 앉아
거문고를 타는 예기 넘친 여인
가냘픈 섬섬옥수의 청아한 음률에
마당 나무에 새들도 지저귐을 잊은듯하네

규방 6폭 병풍 앞에 단아하게 앉아
시화詩畵에 난초를 치는 규수閨秀
그 고매한 풍류자태
하늘에서 방금 내려온 선녀인가 하네

달빛 은은한 밤 호롱불 앞에 홀로
님 그리움에 젖어 비단에 수놓는 숙녀
조신操身한 그 몸가짐
요조숙녀窈窕淑女의 유정의 깊이를 알게 하네.

제3부 모시대 꽃

예로부터 母女의 정은 천년을 가도 끊어지지 않는다고 합니다. '어머니'라는 이름으로 자녀를 낳아 기르며 근심이 그칠 날이, 눈물이 마를 날이 없이 노심초사하면서 일생을 마칩니다. 하지만 자녀들이 태어나 성장하면서 '어머니'하고 부를 때, 어머니들은 온갖 시름을 다 잊고 기뻐서 행복하다 합니다. 성인이 되고 어머니가 되어도, 할머니가 되어도 언제나 부르고 또 듣고 싶은 이름이 '어머니'입니다.

맞선

백년가약의 인연을 맺고자
맞선을 보던 날
어제인양 선하다

몸가짐은 어떻게 하나
무슨 말을 이어가나
초조한 설렘에도 행복했다

그 만남의 인연이 빗장이 되어
해로하는 50여년 세월
조강배필의 동반자로 산다

흰 머릿결 다듬으며
구수하게 익은 깊은 정
무명금침에 스며들어 그윽하다

그래도 아침마다 아내를 대하려니
새삼 처음 맞선인양
무슨 말로 오늘을 여나 망설임도 행복하다.

모시대 꽃

연두색저고리 다홍치마로 곱게 단장하시고
수줍은 듯 고운 미소로 제 곁에 오시더니
첫 사랑 그 순결한 단심丹心의 외길로
한 평생 가족을 살피며 살아오신 당신
지금도 그 향심香心을 간직하신 고운 꽃이십니다

세월 따라 초롱초롱한 자녀들 낳아 기르시며
늘 함박웃음으로 고달픔 삭이시고
자녀양육에 가시고기처럼 쏟으신 모성애
그 넓음과 깊이는 감히 헤아릴 수가 없습니다

그새 정작 세월의 매정함을 어이 몰랐으리
서리처럼 센머리 빗으시며
섬섬옥수 고운 살결은 진정 서글픈데
무정히 가는 젊음에 한번 내색도 안이하십니다

인생의 무상함은 낙목한천 바람에 흩날리며
자녀들이 가정이룬 대견한 보람에
자라는 손 자녀들 보듬는 기쁨에
늙음의 시름은 이 행복에 비길 것 안이시랍니다

일생동안 변변한 치장도 평안한 누림도 없이
가족만을 위해 한결같은 정심으로 살아오시니
당신은 진정 영원한 고운 모시대 꽃* 이십니다.

* 모시대 꽃의 꽃말 : 영원한 모성애(아가페Agape 사랑)

동심원同心圓

우주도 원이고
그 안에 인생도 원이오

당신과 나
원심圓心은 하나
반지름만 다른 동심원이오

당신은 안쪽 원
나는 바깥 원

원점圓點에서 만나
원을 그리며 닮아
수많은 지름선이 살대가 되어
오십년의 인생 길
반려자伴侶者로 함께 돌며 왔오

희로애락의 무상함이
어찌 시작이 있고
끝이 있으리오

그새 금혼식金婚式* 맞으니
이젠 반지름이 바뀌어
나는 안쪽 원
당신은 바깥 원이 되었오

이승의 삶 이후 윤회輪廻되어
다시 태어나서도
우리 동심원이 되어 함께 살아요.

* 금혼식金婚式 : 결혼 50주년을 기념하는 명칭

해로偕老

청춘남녀가 부부의 인연을 맺으니
주례사는 덕담으로 축하한다

아들 딸 많이 낳고 다복 하라지만
주택구입비 양육비 생활비 탓에
무모의 성화에 한두 명 후엔 단산이다

검은 머리 파뿌리 될 때까지
해로偕老하라 당부하건만
정작 파뿌리는 처음부터 하얀데다
신혼부터 이혼을 재촉하더니
이젠 덩달아 황혼이혼은 더 꼴불견이다

솔로몬왕*은 백발은 노인의 머리에
영화로운 면류관이라 칭송했지만
사람들은 해로의 상징인 백발이 흉인지
십 여 가닥만 나와도 짜증내며
뽑아버리거나 염색을 하기 시작한다

솔잎파리는 싹이 나올 때부터 한 쌍이며
세월 따라 북풍한설에도 만고청상하다
수명을 마치면 붙은 그대로
어느 날 함께 떨어져서 한 곳에 묻힌다

해로한 부부는 흰 머리카락 쓰다듬으며
주름진 얼굴 서로 바라보면서
풍상의 인생을 반추하면서
솔잎 같은 해로의 참 뜻을 품고 고이 살아간다.

* 솔로몬Solomon(?- 912)
고대 이스라엘의 다윗 왕을 이어 3대왕으로 39년을 통치했다.
예루살렘에 웅장한 대성전을 건축하고 부귀영화를 이루었으며
지혜의 왕으로 북아프리카, 중동 전지역과 인도를 비롯하여 멀리
동방까지 그 명성을 떨쳤다.

시집가는 날

한 세대 가까이 정으로 기른 막내 딸
시집가는 날 아침
멈추지 않는 딸애의 눈물
여윈 엄마 가슴에 애잔히 스며들어
엄마의 눈물이 된다

엄마와 보내는 마지막 밤
강물 같은 모녀의 정으로 지새우며
품에 안고 거듭거듭 하는 부탁
그래도 못 미더워 다시 한다

시어른 공손히 공경하고
남편 성심으로 섬기며
참고 참으며 잘 살아야 한다
바로 엄마의 삶 그대로다

무엇 하나 제대로 못하는 딸
엄마의 걱정은 태산인데
오늘 가면 다시 못 오나
아빠 엄마 앞에 큰절을 올린다

모녀의 정에 매여 서러워하다
딸애는 발길을 떼지 못할까
흐르는 눈물 가슴에 메일까
엄마는 딸애를 품에 다시 안는다.

어머니의 정情

엄마 팔베개 베고
어리광 부리던 막내 딸
어느새 여자가 되어 시집을 간다

엄마랑 아빠랑
오래오래 같이 살리라던 그 말
그새 몽땅 잊어 버렸는지
결혼준비에 종종대며 마음이 설렌다

새침 떼기 막내딸
당연한 듯이 결혼하더니
어느새 말 많은 수다쟁이
아주머니가 되어간다

엄마는 그래도
딸이 그리도 대견스러워
이것저것 밑반찬 해 나르며
아침저녁 확인 전화가 바쁘다

언제쯤 막내딸 세월의 흐름을 알아가며
홀로 살림을 헤쳐 가는 지혜
숭고한 모성애를 깨달아 현모양처 되려는지
엄마는 오늘도 걱정이 깊어진다.

엄마라는 이름

결혼하고 부모슬하를 떠나서야
어머니 품이
가장 행복한 곳임을 알았어요

첫 아이 가지고
초조히 기다리며
어머니 사랑을 느꼈어요

생사의 진통으로
아이를 낳으며
어머니의 강인함을 체험했어요

아이를 기르며
크고 작은 많은 근심으로
어머니의 희생을 깨달았어요

어머니가 되고서야
엄마의 행복과 위대함이
무엇인지 이제 비로써 확인했어요.

아내의 삶의 지혜

처녀 적부터
크림을 바르기 멀리하니
그 검소함이 낭비를 모른다

생활비 부족해도 조의조식하며
꾸어 쓸 줄 모르니
저축으로 절약의 지혜를 안다

친지들의 옷을 얻어 고쳐 입으며
백화점 쇼핑을 절제하니
검소의 미덕을 몸소 옮긴다

부엉이살림 이루어오며 희생한 아내
밖에 나가선 더욱 겸허하니
언행의 실수로 핀잔이 없이 부닐다

남편과 자식위해 지성을 다하느라
이제는 아픔에 시달리는 측은한 아내
화목한 우리가정 이룬 수호천사*다.

* 守護天使Guardian Angel는 가톨릭신학에서는 5세기경부터 세상에서 사람의 신앙생활을 수호하고 하나님께로 인도하는 수호천사의 존재를 인정한다. 天使Angel는 종교에서 신과 인간의 중개자로서 신의 뜻을 인간에게 전하고, 인간의 祈願을 神에게 전하는 영적인 존재로 기독교와 천주교, 회교, 불교(天人)에서 인정한다. 기독교에서는 천사를 그 능력과 역할에 따라 9개의 그룹으로 구분하며, 3대 천사는 미카엘Michael, 가브리엘Gabriel, 라파엘Raphael이다.

아내의 고운 잔소리(細說)

아내는 사귐부터 신혼초기에는
말수가 적고 꽤나 조신해서
말하기 앞서 내 안색을 먼저 살폈다

아내는 천성이 음성은 곱고 차분하지만
차츰차츰 말수나 세기가 변해가니
칭찬과 잔소리가 섞인 듯 헷갈린다

아내는 음식에 잔재비가 세심하니
식탁에 앉으면 말조심
음식타박은 아내에게 큰 무례無禮다

세월이 가며 나이가 들며
정성어린 관심과 보살핌이 자상한데
내가 체체치 못해 잔소리로 듣는 편이다

노후에 근심 없이 삼시 식사하고
깔끔히 옷차림새하고 나가 다니니
아내의 사랑의 고운 잔소리 덕분이다.

내 마음에 물망초勿忘草〈2〉

하늘이 맺어준 가연佳緣으로
일심일체의 부부가 되어
꿈길인양 걸어 온 인생길
어느새 희수喜壽를 넘겨갑니다

천애 홀로 고적한 저에게
일부지심의 조신한 청순의 미덕으로
일생에 굳건한 디딤돌이 되어
헌신과 사랑으로 가정을 이루었습니다

때로 낙심하여 휘청거리면
든든한 버팀목이 되어
한 마음으로 손잡고 행복을 가꾸었습니다

노후에는 움츠린 곤고한 몸
서로 기대는 등받이가 되어
흘러간 지난 세월 도란도란 이야기하며
남은 인생길을 함께 갑니다.

어느 날 제가 먼저 하늘나라로 가면
거기서 그리운 당신을 기다리고
애처로이 당신이 앞서가면
홀로남아 당신을 못 잊어 그리워하리니
당신은 제 마음에 영원한 물망초이십니다.

아내의 향기香氣

아내의 소소한 향기
꾸며지고 맡아지는 것이 아니니
갖추어진 화장대에 있지 않다

가냘픈 손길이 닿는 데마다
잔잔한 미소와 음성이 남긴 향기
보며 들으며 스며들어 느껴진다

마음과 몸짓으로 우러나는 자취
티 없이 소박하며 진솔하니
꾸미고 가꾸지 않아도 현연現然하다

온 종일 안으로 밖으로
아내의 발걸음이 지나는 데마다
샤넬향보다 더욱 그윽한 향이 풍겨난다

아내의 잔잔한 향기
꾸며지고 맡아지는 것이 아니라
정감이 스민 훈훈한 마음에서 풍겨난다.

메주 사랑

지난해 추분
함지박에 가득 담긴 장 콩을 품고
한 나절 분주하던 아내
아담한 메주 일곱 덩이를 빚는다

겨우내 메주를 안고
안방 뒷방으로 부산히 옮기더니
퀘퀘한 냄새가 온 집안 가득 밴다

올해 춘분
아담한 항아리를 소제하고 채운
거른 소금물에 메주를 띄우고
아내는 한껏 좋아 손뼉을 연신 친다

여름이 다 갈 무렵
딸 며느리에게 보낼 된장선물
엄마의 사랑의 체온으로 흠뻑 익는다.

엄마의 보물

엄마의 보물
장롱 속이 아닌 부엌 찬장 안에 있다

평생토록 애지중지하신 보물
4남매가 순서대로 젖 물임이 끝나면
밥을 떠먹여 키우신 엄마의 숟가락이다

과일도 갉아 즙을 내서 먹이고
감자도 으깨 먹인 것은
은銀 숟가락이 아니라 낡은 놋숟가락이다

시집오실 때 가지고 오신 숟가락
칠십 여 년 동안 닳고 무디어져
반달같이 변한 모지랑이 숟가락
어느 수저보다 더 좋다하시며 아끼신다

엄마의 심신도 그 세월에 함께 시달려
숟가락처럼 닮아 쇠진하여도

자식사랑의 정은 처음처럼 청순하시다
"엄마의 숟가락을 귀히 여기라"
옛날 말에 담긴 효심의 뜻을 깊이 새긴다.

메밀꽃

누님은 흰 꽃을 좋아하셨다
박꽃 배꽃보다
메밀꽃을 더 좋아하셨다

붉은 대궁과 파란 잎 사이 핀
소담한 하얀 꽃술
누님의 가슴에 맑은 향기를 뿌렸다

메밀밭 김매기는 누님의 차지였다
갓 핀 꽃을 머리에 꽂고
맑고 하얀 고운 마음을 가꾸며
노래를 흥얼대며 처녀시절을 보내셨다

바람에 꽃이 지기시작하면
누님은 마음이 심란한지
앞산 하늘 구름이 되고 싶다 하셨다

메밀꽃이 하얗게 핀 밭둑에 앉아
'고향에 봄'을 부르던 고향에 누님
이젠 꿈에도 조차 안 오시니
하얀 옷을 입고 하늘나라로 가셨나보다.

□ **사모곡思母曲**

그리운 어머니

- 11세에 헤어진 어머니를 그리며

고우신 나의 어머니
흑단옥黑檀玉 검은 머리 희어지셨다고
서러워 서러워 마셔요
옛날 그 옛날엔
복숭아 꽃 같은 고운 시절 있었어요

엄마 등에 업혀 마실 다니고
흙밥 풀 반찬 만들며 소꿉장난도 하시고
예쁜 손가락 봉숭아꽃 물들이며
노랑저고리 연분홍치마 뽐내며
나물 캐러 다녔어요

단오端午 명절엔
창포물에 감은 머리에 갑사댕기 느리고
다홍치마 펄럭이며 그네도 뛰고
시집혼수 수놓으며 꿈 많고 많은
가슴 설레던 고운 처녀 적 시절 있었어요

사랑하는 어머니
꽃가마 타고 시집오신 후
시집살이 온갖 고초 참고 참으시며
여섯 자녀 낳아 기르시며
친정나들이의 즐거움도 있었어요

베적삼 한여름 땀에 젖고 허기져도
그 넓은 과수원과 양봉養蜂 돌보시며
호롱불에 눈 비비며 바느질도
밤새워 열 두자 베를 짜셔도
고달픔 잊으시던 젊으신 시절 있었어요

그리운 나의 어머니
백옥 같은 고운 살결 깊은 주름지시고
곧은 허리 굽어 노근하시고
뼈마디마디 시려 잠 못 이루셔도
속절없는 세월인가 눈물 지우시고
서러워 서러워 마셔요

온갖 고된 삶으로 승화된 희로애락
즐거운 인생이야기 추억으로 간직하시고
국화 꽃 그 은은한 향기로
명경지수明鏡止水 그 깊으신 마음으로

관조하시는 그 온화한 인생관으로
인생여정의 정情과 한恨을 조화하시며
어머니 오래오래 사셔요.

자운영紫雲英 향기

- 어머니이자 아버지의 인생

만화방창한 오월 땅과 하늘에
자운영 꽃 향기가 살랑인다

아버지는 고향에 아내와 딸 셋을 두고
아들 삼 형제만 데리고 졸지에 월남하신지
몇 년이 지난 그해 봄이었다

웃음 없이 항상 우울하신 아버지
교회의 산상예배를 다녀오시다
분홍색 자운영 꽃*이 가득 덮인 논에
어린 두 자식의 손을 양손에 잡고 앉으셨다

멀리 북쪽하늘을 하염없이 바라보시다
가족을 위해 애절하게 기도하시는
아버지의 음성은 떨려 메이고
두 눈에는 눈물이 굵게 맺혀 흘렀다

아버지는 가족과 헤어짐을 참회하시며
황망한 피난살이의 고통과 외로움을 삭이시며
어머니와 아버지의 몫을 감내하셨다

고난 중에 가슴을 예이는 큰 슬픔은
왜정시대에 징병에 가서도 살아오신
장남이 한국전쟁에서 전사하시니
애통함은 타향살이 슬픔을 더욱 모질게 했다

아버지는 오직 기독교 신앙심 만을
자손들에게 유일한 유산으로 남기셨다
나의 삶의 누림은 아버지의 기도의 은덕과
하나님의 지극하신 사랑의 축복과 은혜이다

오로지 장로직분의 기독교 신앙심으로
가족에 대한 그리움과 슬픔을 내연하시며
삶의 고달픔과 질병의 고통을 안고
불효막심한 자식을 타향 땅에 남기고
한 많은 모진 세상을 떠나 소천召天하셨다

자운영 꽃향기가 훈훈한 봄이 오면
구로지감劬勞之感의 회한으로 자책하며
하나님의 인애와 자비하심으로
가족들을 만나 영생복락하심을 기원한다.

* 자운영紫雲英 꽃
콩과의 이년 초인 녹비綠肥 작물로 봄에 논밭에 심으며 분홍색 꽃이 피고 꼬투리는 검게 익는다. 자란 후에 갈아엎으면 땅 속에서 썩어 좋은 자연비료인 녹비가 된다.

상자(재)지향桑梓之鄕

태어나서 살던 고향은
산골이든 농촌이든 도시든
자라며 정들어 비할 데 없이 아름답다

낳으시고 길러주신 부모님이 계시고
형제자매가 우애로 함께 자랐으니
그 정이 도탑고 깊어 평생 잊을 수 없는 곳이다.

기쁜 일이 있어도
슬픈 일이 있을 때도
찾아가고 싶은 유일한 곳이 고향이다

조상 대대로 살아온 집 둘레엔
양잠을 위해 뽕나무를 심고
조상님의 재관을 위해 가래나무를 심기에
상자지향*이라 한다

결혼이나 직업으로 가서 사는 타향
아예 터를 잡고 자녀를 낳고 사니
고향이 그리워도 빈번히 못가고
정들어 고향처럼 사니 병주고향幷州故鄕*이 된다

하지만 수구초심首丘初心이라
타향이 아무리 정들어 살기 좋다하나
상자지향의 짙은 향수鄕愁에 비할 수 있으랴.

* 상자(재)지향桑梓之鄕
조상의 선산이 있고 대대로 살아오는 고향을 말한다. 중국에서 집 울타리에 뽕나무와 가래남무를 많이 심어 자손에게 남겼다는데서 유래한다. 가래나무는 조상님이 돌아가시면 재관梓棺을 만들어 고이 모셨다.

* 병주고향幷州故鄕
오래 살아서 고향처럼 정이 든 타향을 이르는 말로, 중국 당나라 시인 가도賈島가 병주에서 오래 살다가 떠날 때 인정과 풍광에 정이 깊이 들어 남긴 말에서 유래한다.

제4부 인생은 그냥 무상無常하다

여러 수사법 중에 풍유법諷諭法은 비유법의 하나로 본래의 관념보다는 보조관념으로 의도하는 내용을 우회하여 넌지시 나타내는 방법입니다.
그 시대의 사회적 문제, 정치적인 이슈, 사상의 모순 등을 직설적으로 묘사하지 않고 다른 무엇에 빗대어 풍자諷刺적으로 우회하여 오해나 충돌을 터치하지 않으면서 표현합니다.

이브Eve* 예찬禮讚

창조주 하나님은 아담Adam*을
먼저 지으신 까닭이 따로 있다
그를 지으신 경험으로
이브Eve를 더 온전하게 지으시기를 원하셨다

그래서 이브는 아담보다 고왔다
목소리와 미소는 더 아름다웠다
마음은 더 순결하고 착했다
이브는 모든 산자의 어머니가 되었다(창세기3:20)

하지만 이브는 간교한 뱀serpent의 유혹에 빠져
인간을 타락시킨 원죄의 짐을 지고
아담과 함께 에덴동산에서 쫓겨나
온갖 형벌과 환란을 겪으며 생존해야 했다

이브는 지혜롭고 강인한 최초의 여자로서
한 남자의 현숙한 아내로서 성숙했다
고난의 폭풍 앞에서도 넘어지지 않는 담대함
마른 땅을 갈고 심고 가꾸어 거두는 근면성
자녀를 낳고 품어 키우는 불굴의 모성애
남편을 내조하며 이끄는 현숙한 여인이 되었다

이브는 모든 여자에게 당당히 말했다
남자는 차지하려지만
여자는 베풀며 자애로워라
남자는 지배하려 해도
여자는 순종하며 함께 가라
남자는 강력할 뿐이지만
여자는 지혜롭고 강인하라
그래야 강한 자에게 이길 수 있고
태어난 자의 어머니가 된다

이브는 여성의 미美를 골고루 갖추며
모든 여자의 귀감이 되었다
그러므로
모든 여자는 이브의 후예다
모든 여자는 그 미덕으로 예찬을 받는다.

* 이브Eve(원이름은 하와Hawwah)
  여호와가 아담의 갈비뼈 하나를 뽑아서 만드신 인류 최초의 여자로 아담의 아내이다.(창세기 2장 21-23절)
  이브는 '하와Hawwah(히브리어), '에후아Ehua(헬라어), '헤바Heva, 에바Eva,(라틴어), 이브(영어)로 번역된다.
* 아담Adam(히브리어)
  여호와Jehovah(하나님God, 야훼Yahweh)께서 흙으로 자기의 형상대로 만드신 최초의 인간인 남자로서 아담Adam은 '사람'이라는 뜻이다.(창세기 1장 27절)

선악과善惡果

마음에 커다란 선악과나무* 한 그루
항상 열매를 주렁주렁 맺으며
다양한 빛깔과 향기로 오감을 유혹한다

태초에 에덴동산의 선악과처럼
보암직도 먹음직도 하고 소유하고 싶지만
선한 마음과 눈이 아니라
악한 육안肉眼으로 보기 때문에 죄가 된다

선악과의 의도는 무엇인가
인간의 나약한 의지를 간파한 것인가
보지 말아야 할 것을 보고
듣지 말 것을 듣는다
말하면 안 되는 것을 말하고
생각하지 말 것을 행하도록 유혹한다

방관하면 선이겠지만
범접하면 악이 된다는 설정과 논리
이브와 아담의 원죄에 옭매여
범죄와 회개의 반복은 운명적 타성이 됐다

에덴동산에 심은 선악과나무
인간의 선행善行을 깨우침이 아니라
필연적인 타락을 유도한 오류誤謬는 아닐까

그래서 지금 인간은 오감을 자극하는
온갖 물질문명의 선악과가 범람하는
타락한 지상의 에덴동산에 살고 있다.

* 선악과善惡果 나무
하나님은 에덴동산에 인간이 선과 악을 알게 하는
나무의 열매로 아담과 하와에게 먹지 말라고 하셨다.
(창세기 2장 9절, 17절)

믿는 도끼

사람이 사람을 무서워해야 하는가
믿는 도끼에 발등이 찍히고
눈을 뜨고 있어도 코를 베어간다 하니
믿을 사람이 없다 탄식하니
험악하고 무서운 세상이다
정말 그 괴이함에 한숨만 깊어진다

금도끼 은도끼는 아니더라도
그래도 믿어야하는 무쇠도끼라지만
설마설마 남의 발등만은
찍지는 않을 거라 믿고 또 믿고 싶다

사람들이 다 믿지 못해도
그래도 믿을 수 있고
사람들이 모두 거짓말해도
그래도 진실을 말하고
사람들이 다 불의해도
정의를 행하는 의롭운 사람이라 믿고 싶다

하지만 웬일인가 통탄할 일이다
하나님이 너무 멀리 계신 탓인가
부처님이 너무 눈을 깊이 감으신 탓인가

백성의 어버이라던
위선의 가면을 쓴 국민의 지도자
세상의 소금이고 빛이라던
가증스럽고 덕망 없는 성직자
궁핍하고 병든 사람을 위한 자선사업으로
이웃에게 선행을 베푼다는 기업인
사람들의 눈과 귀를 가리고
발등만아니라 어깨까지 무정하게 찍는다

서글프다 그래도 그리워하고 싶다
실망과 아픔을 위로하는
겸손히 낮은 자세로 섬기는
사랑을 베풀고 돌보며 헌신하는
올바르고 존경받는 성직자라면
기만하고 약탈 않는 지도자라면
속옷까지 다 내주는 기업인이라면
모두 그러한 무쇠도끼로 인해 행복하겠다.

인생은 그냥 무상無常하다

저녁하늘 황혼 빛을 남기며
서산을 넘어 가는 태양
아침마다 더욱 찬란한 빛으로
동산에 다시 솟는다

저 먼 바다로 다시 안 올 듯이
밀려갔던 썰물
하얀 파도를 일으키며 다시 밀려와
텅빈 갯벌을 넘쳐 채운다

낙목한천 눈바람에 퇴색하는 초목들
다시 불어온 화창한 봄바람에
처음처럼 푸르러 꽃피우며
산야를 다시 아름답고 풍요롭게 한다

어이 어떠하다 말을 하리
백년도 못 버티는 가련한 인생
한 줌 분골만 남기고 떠나가는 혼백魂魄
가는 곳조차도 알 수 없으니
그 무상함에 그냥 서글프기만 하여라.

귀향歸鄕

가을하늘 높이 날으는 철새무리
고향으로 가고 온다
온 가족이 이웃과 함께 하는 귀향길
활기차고 행복하니 기쁨의 노래소리 크다
지금 떠남도 계절이 바뀌면
다음해도 다시 오고 가니
어이 서러워 서럽다 하리
철새처럼 왔다 가는 짧은 인생여정
나만의 외로운 길은 아닌데
가면 다시 못 오는 길인데
희로애락의 잡다한 것들 인생체험인양
한낱 순간의 아쉬움이다하리
모두 내려놓자
모두 털어버리자
모두 망각의 시간에 띄우자
인생은 찰나의 나그네 길
정점에서 회유回遊하여 귀향길에 오른다
다시 오지 않을 듯 이소離巢한던 토향土鄕
풍진의 안개에 가려 희미하다

저기 작은 능선 넘어 스틱스Styx*강을 건너
낡고 헤진 깃(羽)을 접으리라
갈증의 마지막 한숨을 토해내자
여정의 곤고한 몸을 뉘이자
편히 쉴 마지막 작은 안식처가
극락이라면
낙원이라면
인생여정은 부활의 밝은 귀향길이리라.

* 스틱스Styx강

그리스 신화에서 이승과 저승의 명계를 이루는 증오의 강으로 망자가 저승으로 가는 길에 건너야 하는 강이다.
기독교에서 요단Jordan강, 불교에서 죽은 후에는 반야용선般若龍船을 타고 7일째 날에 건너는 이승과 저승 사이에 있는 江인 삼도천三途川에 해당한다.

이승의 이별

"오고 떠남도 자취 없으니
(來去無定蹤 래거무정종)
백년세월도 아득하여라
(悠悠百年許 유유백년허)"김인후*

부모님의 은덕으로 태어나
많은 사람을 기쁘게 함은 천윤을 따름이고
불비하여 때가 되어 떠남으로
많은 사람을 슬프게 함도 천윤을 따름이다
아침 안개처럼 잠시 세상에 나왔다
흔적조차 없이 쉬이 사라지니
백년의 긴 세월인들 어찌 길다하랴

"머지않아서 여기 다시 와서
(重來期不遠 중래기불원)
티끌세상 영원히 벗어나리라
(永遠脫塵間 영원탈진간)"김집*

호연지기의 푸른 기상을 호사하며
청산에 올라서 유유낙낙하던 시절
어제 였던가 그제 였던가
흰머리 치키며 다시 옴을 기약 못하니
찰나의 이승에 삶을 마치면 여기 와서
한줌의 흙 남기고 저승의 나그네길 가리라.

* 金麟厚김인후(1510~1560) / 조선 후기 문신(詩評 p. 244 참조)
* 김집金集(1574~1656) / 조선 중기의 탁월한 문신(詩評 p. 245 참조)

대숲(竹林)에서

올곧은 가풍에
가문 대대로 선비리라

박토에 뿌리내리고
하늘로만 치솟는 푸름의 기개
청순한 향기는 만고에 변함이 없다

여기에 들어서면
군신유의君臣有義* 일편단심에
낙향한 충신의 절개를 배우고
지족가락知足可樂의 명심보감을 읽는
선비의 맑은 기상을 본받는다

밝은 세상에 진흙 벌에 추어鰍魚드냐
배금에 눈먼 정치인
권력에 명예를 던진 학자
위선에 양심을 가린 성직자
인사유명이 어찌 쉬워 가볍다하리

땅 위에 하늘이 있음이니
그대는 손과 발을 씻고
송죽지절松竹之節의 미덕을 따를 지어다.

* 三綱五倫삼강오륜 : 한나라 거유학자 동중서董仲舒가 맹자, 공자의 교리에 입각하여 쓴 유교의 기본적인 도덕사상이다.
  ◦ 삼강/君爲臣綱군위신강, 父爲子綱부위자강, 夫爲婦綱부위부강
  ◦ 오륜五倫/君臣有義군신유의, 父子有親부자유친, 夫婦有別부부유별, 長幼有序장유유서, 朋友有信붕우유신

모순矛盾

접미사 '군'과 '꾼' 자는
모두 '꾼'으로 통일하여 적는다
(한글 맞춤법 제54항)

'꾼'자는 어떤 일을
직업으로 하는 사람이다
당연히 직업의식을 가지고 열심히 하니
좋은 뜻이리라

그런데 이게 웬 까닭이냐
농사꾼 장사꾼 나무꾼 지게꾼
씨름꾼 사냥꾼 낚시꾼 소리꾼
이들은 아무리 직업을 충실해도
직업차별로 '꾼'자字 붙어야 어울린 단다

의사꾼 회장꾼 사장꾼 장군꾼
총리꾼 장관꾼 판사꾼 의원꾼
이들도 직업의식을 가지고 본업에 전념하나
'꾼, 자를 붙이면 안된다

왜 그럴까
그건 모순矛盾*이다

이 사람들에겐
의사님 회장님 사장님 장군님
총리님 장관님 판사님 의원님
'꾼'자 대신
'님' 자를 달아야 한다 한다

'꾼'자와 '님'자의 뜻 차이가 무엇인가
글자도 사람처럼
사람과 직업을 차별하는가.
직업의 귀천貴賤의식 때문이란다.

* 모순矛盾(창모/방패순)
옛 중국 초楚나라 사람이 자기가 만든 창(矛)을 자랑하며 "이 창은 어떤 방패(盾)라도 뚫을 수 있다"고 하였다. 또 방패를 자랑하며 "이 방패는 아무리 예리한 창이라도 뚫을 수 없다"고 했다. 한 사람이 "그러면 그 창으로 그 방패를 찌르면 어찌 되겠소?" 하자 아무런 대답도 못했다는 고사에서 유래한다.

낚시 유감有感

낚시를 드리우니
육신은 세상에 있는데
마음은 맑은 깊은 물 안에 있다

물 속은 선계仙界로다
하늘엔 유유히 구름이 가고
산엔 꽃이 피고 새들은 노래한다

물속에 나는
신선인양 묻는다
너는 누구냐

속세에선 산수傘壽*를 향해 이르는데
휘어진 채 달려온 굴곡진 인생
자취조차 없는 흔적뿐이라
잠시 반추反芻해 본다

유희 같은 낚시에도
심오한 차원의 영靈적인 사색思索과
회한悔恨의 인생철학이 있다.

* 산수傘壽 : 나이 80세

산방일야山房一夜

산행에 쇠진한 심신
작은 산방에 풀잎처럼 눕는다

수림樹林을 흔드는 바람
무한한 그 변화의 신비
세욕世慾에 풍화되고 찢긴 우둔함이
어이 느껴 참뜻을 깨달으리

창틈으로 스며드는 밤새의 울음
애달픈 깊은 사연
남을 배려하지 못하는 이기심이
가히 들어서 그 심사를 가늠할 수 있으리

밤의 고요를 달래는 계곡물소리
상선약수上善若水*의 가르침을
탐욕에 오염된 아집이
언제쯤 미처 헤아려 바르게 살아가리.

산방에서 하룻밤
덧없는 인생길 돌아보며 뒤척인다.

* 상선약수上善若水 / p. 48 참조

직업職業의 무게

은퇴하면 조금은 자유롭겠지
여유가 있으리라 했다
한운야학閑雲野鶴의 꿈은 큰 오산이다

웬 걸 문밖으로 나갈 용기가 없으니
거의 방에 갇혀 지내는 신세다
그 전엔 산이라도 옮길 듯이
자신만만한 기세로 당당했다

나이 탓에 현직에서 밀려나니
점점 위축되고 주변이 삭막해진다
딱히 할 수 있는 것이 별로 없으니
마땅히 갈 곳도 오라는데도 없다

집안에선 남편의 존재도 희미해지니
겨우 듣기 좋은 아낙군수*로
아내가 차려주는 세끼 밥상을 타박커녕
눈치 보며 간신히 받는 게 신통하다

TV앞에 앉았다 억지로 책 몇 장 넘긴다
세월의 무게 앞에 나이는 처량하다
모든 미련을 털어버리고
롤러코스트를 타고 우주로 탈출하고 싶다.

* 아낙군수
할 일 없이 늘 방에만 틀어박혀 지내는 남자를 듣기 좋게 호칭하는 말이며, 또는 '안방샌님', 제주도 방언에는 '고망귀'라고도 한다.

내일의 환상幻想

밤마다 그리던 환상
내일엔 무지개처럼 떠오르리라
그랬으면 얼마나 좋으랴

여의도는 천지개벽이다
여야의원들이 만면에 웃음이 넘치고
버리고 비우면 채워진다고
환호하며 서로 껴안고 격려한다

오랜 노사분쟁으로 허덕이던 기업마다
한 가족이 되어 서로 손을 잡고
심기일전하여 생산에 매진한다

광화문 광장엔 몰려나온 시민들
정부와 대기업의 서민정책 실현되어
빈부격차의 서러움을 털고 덩덩실 춤춘다

그런 환상의 날벼락이라도 맞았으면
행복한 복지국가 되겠지
뚱딴지같은 환상에 처진 어깨를 추스르다.

잡곡의 화합和合

벼 보리 좁쌀 콩 팥 찹쌀…
계절 따라 서로 다른 땅에 심어진다

한 하늘아래서
같은 햇빛과 비, 바람을 맞으면서도
다른 환경에서 자란다

싹이 나고 꽃피고 낱알이 맺히면
저마다 제철에 거두어져
특유의 양분을 가진 식량이 된다

하지만 요리 할 때는 다르다
한 솥에 들어가 어울려
영양 있는 밥이 되어 식탁에 오른다

우리 백의민족은 반만년 동안
한반도 팔도에서 같은 말과 풍습으로
동고동락하며 살아온 단일민족이다

그런데 무엇 때문에 모이면
지연 학연 종교 따지며 헐뜯고 싸우는지
이념에 매몰되어 화합 못하고 분렬하는지
언제나 어울려 덩덩실 화기애애하게 살게 될가.

영혼 없는 저항抵抗

창공을 훨훨 나는 작은 새
힘찬 그 날개 짓
너의 화려한 자유는 갈채를 받는다

인권人權의 허울은 골 빠진 채
감각이 마비되어
보고 들어도 침묵하는 자유인이다

시력 청력 언어장애障碍의 사슬을 벗어나
너처럼 무변의 하늘로
비상하는 날이 언제 오려나

몸의 골격은 산산이 분골되어
혼백魂魄은 천공天空을 방황하며
자유를 부르짖으리라

찢어진 희망의 날개로라도
자유의 종이 있는 곳으로 날아가
무딘 작은 부리로 종을 쪼아 울리리라.

황혼黃昏의 길손

풍진 속을 허우적거리며
능선을 기어오르는
주림의 길손이여

욕정으로 부푼 몸뚱이
마음껏 희롱하지 못해
광분한 육체여

질척거리는 늪에서
가쁜 숨을 쉬며
고달픔의 위안을 애걸하는 나그네여

초라한 움막에서
하룻밤 기숙하며 새면
삼도천三途川의 저 건너편이 보이리니

문드러진 몸뚱이를 거래 말라
염수로 비린내를 씻어라
검은 관棺이 너를 향해 오고 있다.

옹춘마니

오이와 가지가 어느 날
밭에서 언쟁을 한다
가지가 한참 제 뽐을 낸다
내 꽃은 우아하고 고운 보라색이다
오이도 지지 않고 자랑한다
내 노란 꽃은 더 곱고 향기로워
벌 나비가 많이 날아오지만
네 꽃은 풍뎅이만 온다고 조롱한다
가지는 지지 않을 심사다
나는 나무 같은 줄기가 있어
거센 바람이 불어도 떨어질 걱정 없다
오이는 다시 반격이다
나는 긴 넝쿨이 있어 높이까지 올라
열매가 많이 달린다
옆에서 구경하던 호박이 일갈 한다
나는 너희들보다 넓은 땅에 넝쿨을 거느리고
더 큰 꽃과 열매를 많이 가지고 있다
세상에 너희처럼 사소한 걸로 다투며
양치기 소년처럼 거짓말만 하고

쓸데없는 허허논쟁을 하느라
귀한 세비歲費만 낭비하는 그자들
어찌 국민을 대변하는 선량選良이라 하리
후안무치한 그들을 옹춘마니라 하느니라.

빗나간 인간

계절은 자연에 따라 변하고
생물은 계절에 순응한다

식물은 봄에 아름다운 꽃피우고
여름에 자라고
가을에 넉넉히 거두고
겨울에 안식한다
동물은 자연에 적응하며 번식한다

사람은 아무 때나
자식 낳아 학대하다 버리고
멋대로 낙태하고
유전자 조작으로 생명질서도 파괴한다

생육하고 번성하여 땅에 충만하라
모든 생물을 다스리라(창세기 1장 28절)
창조주가 주신 특권을 남용하는
추악하고 저열한 인간

오만하고 타락한 인간
그래도 만물의 영장이라 자만하느냐
신神의 진노震怒가 가까우리라.

일취지몽 一炊之夢

전심전력으로 살아온 일생동안
권세와 명예를 쫓았으랴
잠시라도 부귀영화를 바랐으랴

조신한 여인을 맞아 부부되어
자식들 낳아 가정이루고
평범한 시민으로 떳떳하게 살고있다

허튼 욕심 없이 궁색 않을 만큼
남들 따라 필요한 것 갖추고
누구에게 아쉬운 애걸복걸 하지 않는다

하지만 지나온 한평생을 회상하면
어느새 속절없이 가버린 세월
무엇을 하고 무슨 자취를 남겼는가

아쉬움 없다 말할 수 없고
인생의 허무함을 새삼 깨달으니
삶의 모든 것이 한낱 일취지몽* 이로라.

* 일취지몽一炊之夢
唐나라의 노생盧生이 한단邯鄲땅의 어느 주막에서 여옹呂翁이라는 仙人의 베개를 빌려 베고 자는 동안 80년 동안에 온갖 부귀영화를 누리는 꿈을 꾸었다. 그런데 깨어보니 조밥은 아직 익지 않은 짧은 시간이었다. 비로써 인생의 허무함을 깨달았다하여 표현한 말이며, 「한단지몽邯鄲之夢」이라고도 한다.

제5부 어찌 그리 아름다운지요

저는 황해도 송화군 율리면 세진리 고향에서
기독교의 모태신앙(아버지 김창수金昌壽 장로,
어머니 노도신盧道信 권사)으로 태어났습니다.
한국전쟁으로 11세에 (어머니와 누님 세분과
이산가족이 되어) 아버지와 삼형제만 월남하여
외로운 고난의 생활을 이겨낸 것은 오로지
하나님의 은혜와 신앙의 힘이라고 믿습니다.
지금 저는 은퇴장로이며 은퇴권사인 아내
조규희와 슬하에 가정을 이룬 4남매의 가족들과
하나님의 은혜와 축복 안에서 항상 감사하며
행복하게 지내고 있습니다.

새해가 밝다

동쪽하늘 빛이 더욱 찬란하다
하늘과 땅과 바다를 밝히며 오르는 해
희망의 새해(新年) 첫날을 밝힌다
태초부터의 그 해(太陽)이지만
오늘 아침에는 다시 솟는 새 해다

어제 까지는 아쉬움 많은 과거다
오늘부터는 눈부신 저 서광瑞光의 현란함이
새로운 밝음으로 이어지리니
새날을 맞는 마음이 저 해처럼 새로우리라

지난날엔 의심하며 망설이기도 했지만
내게 능력을 주시는 주님 안에서
나약한 심령을 어루며 앞만 바라보리라
이루어야 할 소망이 지금 내 앞에 있으니
그 밝은 미래가 눈부신 오늘로 이어오리라

찬란한 나의 미래는 바로 현재의 삶이다
부정否定의 굴레를 벗고 힘차게 비상하리라
그릇된 타성에서 탈피하여 앞으로 가리라
감사의 갈채로 나를 격려하며 나아가리라

하나님이 축복하시는 벅찬 새해 아침이다
하나님은 행복한 미래로 나를 인도하시나니
하나님이 이끄시는 길로 정금같이 나아가
새날을 맞는 마음이 저 해처럼 새로우리라

ㅁ 내가 가는 길을 그가 아시나니 그가 나를 단련한 후에는 정금같이 되어 나오리라 (욥기 23장 10절)

새로운 출애굽Exodus의 영광

이스라엘 백성이 애굽에서 430년* 동안
절망과 질곡桎梏의 과거를 청산하며
약속의 땅 가나안으로 떠나는 긴긴 여정은
새 시대를 향한 영광의 출애굽이었다

찬란한 태양빛으로 밝아오는 새해아침
출애굽의 교훈은 우리에게 계시啓示한다
지난날에 안주해 머뭇거리는 자신을 돌아보며
타성과 방관傍觀에서 깨어 일어남은
암울한 과거에서 벗어나는 영적인 새출발이다

박제된 새는 날개 있어도 창공을 날지 못한다
굴절된 시각을 바로잡고
고루한 의식구조에서 벗어나야
퇴폐한 구습의 틀을 깨트려야
사슬의 올가미를 끊고 높이 오를 수 있다

하루하루 점점 새롭게 진화進化해 감은
지순하게 정제된 영적인 사유思惟에서
오늘의 하늘빛이 어제의 하늘과 다름을
감지할 때 자신이 변화하고 있음을 알 수 있다

현재의 삶은 밝은 미래에 대한 확신이다
하나님이 우리 앞에 새 길을 내시리니
믿음의 영적 지평을 갈며 넓혀나가면
새로운 출애굽의 영광은 마침내 빛날 것이다

* 이스라엘 자손이 애굽에 거주한지 사백 삼십년이라
(출애굽기 12장 40절, cf. 갈라디아서 3장 17절)

성지순례聖地巡禮

2천여 년 전 선민의 땅 이스라엘에서
설레는 마음으로 성지를 순례하니
타임머신을 타고 있는 듯 감개무량하다

성경지식과 사진에서만 상상하던
예수님의 자취가 있는 성지를 걸으며
보고 만져보니 체험적인 믿음이 감동적이다

갈릴리 바닷가에서 맞는 고요한 아침
잔물결 치는 바다 위를 어선을 타고
예배드리는 기쁨과 감격적인 환상
예수님이 저 물결 위를 걸어오실 것만 같다

예수님이 걸어가신 발자취를 따라가면
주님의 음성이 들리는 듯하며
주님의 행적 따라 세워진 기념교회마다
참배하는 순례자들의 찬송과 탄성이 가득하다

베들레헴 다윗의 동네에 세워진
예수탄생교회*는 아늑하고 평화로우며
아기예수를 안고 있는 어머니 마리아
그 온화하신 모습이 자애롭다

골고다 언덕 위에 성묘교회*의 그 웅장함과
건축미에 매료되어 있는 순간이었다
커다란 십자가에 달리신 예수님의 모습이
클로즈업 되며 환상으로 다가오며
교회가 세워진 참 뜻을 묵상하라는 계시로
순례여행자의 마음을 묵묵히 압도한다.

성지순례의 축복과 감동은 성도로서
평생의 신앙생활에 가장 강력한 원동력이며
자랑스럽고 아름다운 추억으로 각인되리라.

* 예수탄생교회
'베들레헴교회'라고도 하며 아기 예수님이 탄생하신 곳에
역시 로마 콘스탄티누스 황제 1세의 지시로 세워졌다.

* 성묘교회
일명 '예수님 무덤교회'라고도 하며, 골고다 언덕과 무덤지역에
세워졌으며, 로마가 기독교를 국교로 공인한 후, 콘스탄티누스
황제의 명령으로 세워진 기념교회 중에서 가장 크고 웅장하다.

요단강에 서다

요단강*은 시작의 강이다
예수님께서 구원의 사역을 이루시려
세례를 받으시고 복음 전파하시니
주님의 음성은 잠든 가나안 땅을 깨우도다

요단강은 소망의 강이다
이스라엘 백성이 430년간 노예생활
광야 40년 고난을 청산하고 강을 건너
새 희망의 복지로 담대히 들어가도다

요단강은 생명의 강이다
메마르고 황폐한 땅을 적시며
새 생명의 싹을 틔우고 꽃을 피우니
절망에 잠든 만백성이 깨어 새 생명을 얻도다

요단강은 승리의 강이다
하나님께서 주신 복음의 약속대로
온갖 박해와 고난을 이긴 이스라엘 백성을
시온의 선민으로 천하 만민 위에 높이셨도다

요단강은 영생의 강이다
한평생 믿음으로 바라보는 요단강
마음 안에 유유히 흐르나니
요단강 건너 찬란한 천국에 들어가리로다.

* 요단Jordan강
북쪽의 헬몬산의 눈이 녹아 발원하여 갈릴리 호수를 거쳐 사해바다에서 끝나는 길이 251km의 강이다. 예수님께서는 여리고 근처의 요단강에서 요한에게 세례를 받으시고 새 시대를 시작했으며, 이스라엘 백성에게는 지리적, 역사적, 영적인 신앙생활에서 깊은 상징성과 의미를 갖는 강이다. (마태복음 3장 13-17절)

세상에 빛이 되어

주님의 말씀이신 세상에 빛*이 되라
마음의 어둠을 밝히려면
빛이신 주님의 가르침 따라 변해야 한다

세상을 밝히는 소금이 되려면
자신을 내려놓고 추함을 씻어
마음이 맑고 성결해져서
주님의 마음을 본받아 살아야 한다

남을 위해 희생하는 빛은
어둠에 담대히 들어가 자신을 태워
희생하여 빛이 되어
어둠의 권세를 물리칠 수 있어야 한다

남을 참 길로 인도하는 빛은
언행이 일치하는 착한 행실의 본이 되고
내 몸이 하나의 등불이 되어
방황하는 사람에게 길이 되어야 한다

내가 먼저 성화되어 밝은 빛이 되면
그 빛을 따르는 모든 사람을
생명을 길로 인도하는 참 빛이 될 수 있다.

* 너희 빛을 사람 앞에 비취게 하여 저희로 너희 착한
행실을 보고 하늘에 계신 너희 아버지께 영광을
돌리게 하라(마태복음 5장 16절)

어찌 그리 아름다운지요*

- 예수님의 생애를 요약하여

오늘날 다윗의 동네에
너희를 위하여 구주가 나셨으니
그리스도 예수시니라

하나님의 독생자로 태어나시어 구유에 뉘신
아기 예수님의 밝고 천진스런 모습
어머니 마리아 품에 안기신 만왕의 왕이시라
이는 자기 백성을 죄에서 구원할 자이신
어린양 예수님이시오니(마태복음 1장 21절)
어찌 그리 아름다우신지요

열두 살에 성전에서 선생들 중에 앉으시어
묻기도 하시고 듣기도하며 강론하시니
듣는 자가 다 그 지혜와 대답을 놀랍게 여기며
키와 지혜가 자라며 하나님과 사람에게
더욱 사랑스러워 가시오니(누가복음 2장 46-47, 52절)
어찌 그리 아름다우신지요

주님의 이름이 온 하늘과 땅을 덮나이다
내가 곧 길이요 진리요 생명이니
수고하고 무거운 짐을 진자들은 내게로 오라
나는 마음이 온유하고 겸손하니
나의 멍에를 메고 내게 배우라, 그러면
너희 마음이 쉼을 얻으리라(마태복음 11장 28-29절)
청아한 음성으로 복음을 선포하시오니
어찌 그리 아름다우신지요

들의 백합화를 피우시고 기르시며
공중의 새를 먹이시고 입히시나니
우리가 슬플 때 눈물을 닦아주시며
연약할 때 믿음으로 강하게 하시며
우리의 연약함과 질병을 친히 담당하며
(마태복음 8장 17절)
치유의 은혜와 위로를 베푸시오니
어찌 그리 아름다우신지요

서로 사랑하라, 그러면 내 제자라시며
새 계명을 너희에게 주노니
내가 너희를 사랑하며 행함 같이
너희도 서로 사랑하라(요한복음 13장 34절)
사랑은 허다한 허물을 덮는다 하시오니
어찌 그리 아름다우신지요

겟세마네 동산에서 눈물로 기도하시며
우리를 속죄하여 사망에서 구원하시려
십자가에서 화목제물 어린양 되시어
온갖 고초(이사야 53장)를 참고 견디시며
대속의 보혈로 우리를 죄에서 구원함 이루신
그 은혜 놀라와 잃었던 생명 찾고 광명을 얻어
하나님의 자녀로 거듭나게 하시오니(마태복음 27장 50절)
어찌 그리 아름다우신지요

말씀대로 사망권세 이기시고 부활하시어
우리를 부활의 생명과 소망 안에 살게 하시며
자신의 안위를 위해 변심해 엠마오로
내려가는 제자들을 깨치시어

예루살렘으로 올라가는 믿음과 용기를 주시고
(누가복음 24장 13-35절)
제자들을 찾아 갈릴리 호수로 가시어
변찮는 놀라우신 사랑과 용서를 베푸시오니
(요한복음 21장 1-4절)
어찌 그리 아름다우신지요

허물 많은 우리를 사랑하는 순결한 신부라시며
하늘나라에서 우리 위해 기도하시다

큰 영광 속에 심판의 구세주로 다시 오시어
아름다운 옷을 입히고 빛나는 관冠을 씌우시어
천국에 이르도록 인도하시오니(마태복음 24장 30절)
어찌 그리 아름다운지요

세세 영원무궁토록 우리를 의에 길로 인도하시리니
주의 이름과 영광이 온 하늘과 온 땅을 덮으시리니
주님 오심을 정심으로 진정 사모합니다
주님께 찬양 경배 드리오며 다시 뵈옴을 기다립니다.

* 여호와 우리 주여, 주의 이름이 온 땅에 어찌 그리 아름다운지요
  주의 영광이 하늘을 덮었나이다(시편 8장 1절)

부활의 아침

갈 마른 모래바람 휩쓰는 골고다 언덕
증오의 혼령이 너울대는 여기에도
학정으로 유린된 여기에도
부활의 아침은 찬연히 밝아옵니다

주님께서 십자가에 귀하신 몸 내어주심은
고귀함을 얻음이며 영광의 이김이시기에
골고다의 고난은 헛됨도 아니며
십자가의 죽음은 끝남도 아니며
오히려 승리의 부활은 영생의 첫 열매입니다

언약의 보혈은 나의 생명이 되시니
찢기고 상하신 몸에 하나가 됩니다
흘리신 눈물이 나의 가슴에 흐르니
마지막까지 주신 말씀은 구원의 길입니다

주님께서는 그리하심에도
아직도 못다 주신 사랑이 있으시기에
아직도 베푸실 은혜가 더 있으시기에
아직도 이루실 말씀이 남아 있으시기에
주님의 부활은 영광의 계시啓示입니다

영광의 부활에 아침
주님의 무덤으로 앞서 달려가 경배하며
십자가에 작은 나를 바칩니다
부활의 생명은 오직 영생 소망이기에
나의 십자가를 지고 온전히 따르렵니다.

ㅁ 예수께서 이르시되 "나는 부활이요 생명이니 나를 믿는 자는 죽어도 살겠고 무릇 살아서 나를 믿는 자는 영원히 죽지 아니하리라 이것을 네가 믿느냐"(요한복음 11장 25-26절)

신일동산에

찬바람 스치는 저 들녘으로
멀리 저 멀리서
겨울은 흰 옷을 입고 옵니다

풍요로 출렁이던 그 넓은 들의 가슴엔
이제 다 주고 가진 것 없어도
평화로 가득 차 넘칩니다

겨울에 안식을 누림은
봄에 심고
여름에 가꾸고
가을에 거둠의 기쁨이 있음이리라

신앙의 이상理想에서 세워진 신일동산
햇빛과 비, 바람에
세월의 굵은 줄기엔 나이테가 수이 감기고
해마다 섬김과 봉사로 다져진 넓은 터에
믿음을 심자
소망을 심자
사랑을 심자

반드시 그 날이 오리니
하나님의 축복과 은총으로 꽃이 만발하여
환희로 성령의 열매가 맺히리니
영혼에 풍요와 안식을 누리게 되리라.

ㅁ 그런즉 믿음, 소망, 사랑, 이 세 가지는 항상 있을 것이다
(고린도전서 13장 13절)

로뎀 나무Juniper Tree*

광야의 모래바람에 휘휘 밀려
굽이굽이 헤쳐 온
머나먼 가파른 여정
버려짐 같은 나그네 인생이었네

부서지고 헤진 몸과 영혼
로뎀 나무 그늘에 풀잎같이 누이시고
육신의 안식을 주옵소서
영혼의 양식을 먹이시옵소서

로뎀 꽃 은은한 향기로
지친 영혼 감싸시고
주님의 사랑에 음성으로
하나님을 향한 마음을 다시 깨우소서

들꽃에도 햇빛과 바람과 이슬을 내리시는
주님의 인자하신 손으로
상한 몸 품에 안으시고
목마르고 허기짐을 채워 주옵소서

주님의 생명의 피가 수혈되어
곤고한 영혼 소성케 하사
로뎀 나무 그늘을 떠나 생명의 빛을 향해
날마다 새 힘으로 푸르게 살아가게 하소서.

* 로뎀 나무Juniper Tree 아래 누워 자더니 천사가 만지며
이르되 일어나 먹으라 본즉 머리맡에 숯불에 구운 떡과
한 병의 물이 있더라 먹고 마시고 다시 누웠더니
여호와의 천사가 다시 와서 어루만지며 일어나 먹으라
네가 갈 길을 다가지 못할까 하노라(열왕기상 19장 5-7절)

나의 기도

주님을 우러러 보며
눈이 더욱 맑아져
자신을 살피며 낮아지게 하소서

주님의 말씀을 들으며
귀가 더욱 밝아져
깨달음이 더욱 지혜롭게 하소서

주님을 찬양하며
혀가 더욱 곧아져
바른 말로 주님을 송축하게 하소서

주님과 동행하며
행함을 따라 더욱 아름다워져
향기 나는 모본을 보이게 하소서

주님을 항상 사모하며
안과 밖이 더욱 성결하여져
주님을 닮아가는 자녀 되게 하소서

나의 마음이 성전되어
주님이 항상 계시며 인도하사
죄악세상 이기어 거룩한 길 가게 하소서.

□ 너희 눈은 봄으로, 너희 귀는 들음으로 복이 있도다 (마태복음 13장 16절)

빛진자

소돔과 고모라에 태어난 착각
그 환상에서 길을 잃고
방황하는 탕자
목마름과 허기에 기진하다
헤지고 깨진 몸과 영혼
자비와 용서로 상床을 베푸시며 부르시는
주님의 사랑의 음성
기진한 영혼 깨우시며
인자하신 치유의 손길 펴시어
넓고 평안한 품에 안으소서
주님의 참 사랑 그리워 돌아온 탕자
주님의 빛으로 돌아온 탕자
원초의 생명으로 소성케 하소서
사랑의 빛진자
구원의 빛진자
생명의 빛진자
찬란한 영생의 길로 인도되어
주님의 참 제자 되어
빛진자의 바른 삶을 이어가게 하소서.

- ㅁ 내 아들이 죽었다가 다시 살아났으며 내가 잃었다가 다시 얻었노라 하니 저희가 즐거워하더라(누가복음 15장 24절)
- ㅁ 긍휼이 풍성하신 하나님이 우리를 사랑하신 그 큰 사랑으로 인하여 허물로 죽은 우리를 그리스도와 함께 살리셨고 너희는 그 은혜로 구원을 받은 것이라(에베소서 2장 4-5절)

주님의 언약言約

주님이 함께 계시며 하신 말씀
사랑하는 영원한 내 제자라 하셨으니
주님의 언약이심이라

주님이 십자기 고난 중에 하신 말씀
사랑으로 용서한다 하셨으니
대속의 구원과 낙원으로 인도하심이라

주님이 가시며 남기신 말씀
떠남이 아니라 다시 오신다하셨으니
주님이 항상 함께 계심을 믿음이라

주님이 지금도 하시는 말씀
너의 처음 사랑을 기억하노라
주님과의 변찮는 사랑의 맺음이라

주님이 오셔서 하실 말씀
너는 나의 참 아름다운 순결한 신부라
주님을 반겨 맞아 품에 고이 안으심이라

ㅁ 이러므로 예비하고 있으라 생각지 않은 때에
인자가 오리라(마태복음 24장 44절)

멍에

이승에 태어남은 고통이며
벗지 못할 가시사슬의 멍에다

고해에서 맺은 인연의 굴레를 쓰고
겹겹이 얽혀 쌓인 만남
오히려 짐이 되어 멍에를 짓누른다

거짓에 정직은 좀 쓸고
교만이 겸손을 갉아내고 삭게 한다
많이 소유하여도 누리지 못하고
세상명예도 덧없이 허무하니
모두 잠시 아침 안개일 뿐이다

홀로 메고 온 호리멍에
세상지식 앞세워 벗으려하나
더욱 무거워 어깨를 짓누를 뿐이다
"짐 진 자들은 내게 와서 배우라
그러면 가벼우리라"
주님의 부름이 곤비한 영혼을 깨운다

"내 멍에는 쉽고 짐은 가벼 우니라"
주님이 함께 메는 겨리멍에
오로지 사랑과 희생으로 베푸심이시다.

ㅁ 나는 마음이 온유하고 겸손하니 나의 멍에를 메고 네게 배우라
그러면 너의 마음이 쉼을 얻으리라(마태복음 11장 29절)

샤론Sharon의 꽃

샤론의 꽃* 예수님을 닮아
아름답게 피어 향기로워
순결해지고 싶습니다

예수님은 그런 신비를 말씀하십니다
마음을 성결하게 하라
성품을 흠이 없게 하라
언행을 올바르게 하라

예수님은 그런 아름다운 본을 행하니다
이웃을 사랑하라
이웃을 용서하라
이웃을 축복하라

예수님이 몸소 행하심을 따르렵니다
이웃을 품으렵니다
이웃을 기쁘게 하렵니다
이웃을 탓하지 않으렵니다

샤론의 아름답고 향기로운 꽃
예수님을 닮아가는 내 안에
현란한 빛으로 점점 성화되고 있습니다.

* 샤론의 꽃
성경과 찬송가에서는 예수님을 꽃으로 표현되어 있다.
성경에는 '백합화白合花, 수선화水仙花'(아가서 2장 1절)로,
찬송가 88장에는 '백합화', 89장에는 '장미'로 표현하였다.
샤론Sharon은 이스라엘의 서부지방에 위치한 비옥한 평야의
이름이다.

다시 돌아서다

- 주일(4월 12일) 설교말씀(누가복음 24장 13-32절)을 묵상하며

예수님이 "나를 오라" 부르실 때
어디든지 주님을 따라 가리라
다짐을 하고 다짐을 합니다

하지만 연약한 믿음은 낙심합니다
세상일 바람과 다름만을 원망하며
주님을 떠나 딴 길로 내려갑니다
그 길은 절망의 길입니다
그 길은 회한의 길입니다

그때마다 예수님은 찾아오십니다
우매한 저를 안위安慰하시며
바른 길을 밝혀 주시지만
영의 눈과 귀가 어두워 외면합니다

그럼에도 주님은 절망의 길로 내려가는
우리를 부르십니다
변찮는 그 사랑에 뜨거워져

그 말씀에 가슴이 에이어져
절망을 치유하는 길로
생명을 회복하는 길로
주님을 우러르며 돌아서 올라갑니다

예수님은 다시 말씀하십니다
"이 길은 참 소망의 길이다
이 길은 참 구원의 길이다
이 길은 참 생명의 길이다
돌아서 네 십자가를 지고 나를 따르라."

□ 그리스도가 이런 고난을 받고 자기의 영광에 들어가야 할 것이 아니냐(누가복음 24장 26절)

□ 도마가 이르되 주여 주께서 어디로 가는지 우리가 알지 못하거늘 그 길을 어찌 알겠사옵나이까
예수께서 이르시되 내가 곧 길이요 진리요 생명이니 나로 말미암지 않고는 아버지께로 올 자가 없느니라(요한복음 14장 5-6절)

사마리아 여자의 기쁨

- 주일(2017. 1. 22) 설교말씀(요한복음 4장 14절)을 묵상하며

인간생명의 존엄성과 소망조차
상실된 절망의 사마리아 땅에
어느 날 놀라운 기쁨의 표적이 일어났다

오랜 야곱의 우물가 한 여인에게
주님은 세간의 인식을 초월하여 찾아오시어
육신의 목마름을 시원케 하는 물과
한번 마시면 영원히 목마름 없는
영생불멸의 샘물에 대해 말씀하셨다

빈부와 귀천이 없이 누구나 마시면
다시 목마르지 아니하며
마음에서 늘 솟아나는 영생의 생수
영원토록 풍성히 흘러 그침이 없다고 하셨다

삶의 가치를 짓밟은 악몽의 환상은 걷히고
가슴을 설레는 삶의 이 기쁜 소식은
마을에서 마을로 온 사마리아로 널리널리 퍼져
어둠의 땅과 사람들에게 참 구원의 빛이 되었다

주님의 '선善한 사마리아 사람'의 교훈
그 이웃사랑 선행이 널리 전파되어
그들에 대한 멸시적인 편견을 깨뜨려짐도
한 여인의 복음의 큰 기쁨에서 비롯됨이다.

ㅁ 내가 주는 물을 마시는 자는 영원히 목마르지 아니하리니 내가 주는 물은 그 속에서 영생하도록 솟아나는 샘물이 되리라(요한복음 4장 14절)
ㅁ 사마리아인의 선행의 교훈(누가복음 10장 25-37절)

제6부 고전시古典詩(時調) 감상

언제나 고전은 정겹고 정서적 향수가 짙습니다.
저는 사범학교 3년 동안 국어교과 선생님과 영어
교과 선생님께서 담임을 하셨습니다.
그 영향으로 국어와 영어 과목을 좋아했습니다.
학창시절에 국어교과서와 영어교과서에 실렸던
여러 편의 조선시대 시조를 중심으로, 영시,
중국 시조 중에서 서정적인 몇 편을 감상하면서
지도하신 은사님들과 그리운 동창생들, 그리고
학창시절의 고운 추억을 돌이켜 봅니다. 지면 관계로
한 분에 한 편으로 제한했음을 이해하시기 바랍니다.

梨花이화에 月白월백하고

李兆年이조년*

이화梨花에 월백月白하고 은한銀漢이 삼경인제
일지춘심一枝春心을 자규子規야 어이 알랴 마는
다정多情도 병病인양 하여 잠 못 들어 하노라

ㅁ 감상

고등학교 학창시절에 국어교교과서에 실린 대표적인 시다. 배꽃향기 은은하고 은하수 물결이 눈부신 三更(11-새벽 1시)에 짝을 찾는 자규(두견새)는 애달피 우니 사랑하는 임에 그리움 인들 사람과 다를 바가 있겠는가. 임을 그리워하는 정이 너무 깊어서 마음에 병인 듯 사무쳐 잠을 이루지 못하며 뒤척이는 애틋한 심사를 절절하게 표현하고 있다. 이 시는 누구에게나 향기롭고 아름다운 그때 그 시절을 생각나게 한다. 그렇게 다정다감하지 못한 무정한 임이라 한들 어찌 다름이 있으랴.

* 李兆年이조년(1269~1343)

고려 후기의 대제학을 지낸 올곧은 문신, 호는 매운당梅雲堂. 봄빛이 은은히 감도는 달밤에 임을 사모하는 그리움은 마음의 병이되어 잠 못 이루는 연정의 그 애달픔 탓일까. 구슬피 우는 두견새는 그 심정을 알까. 어찌 이 시詩 한 수만을 남겼을까.

말없는 靑山청산이요

成渾성혼*

말없는 청산靑山이요 모양 없는 유수流水로다
값없는 청풍淸風이요 임자 없는 명월明月이라
이 중에 병病 없는 이 몸 분별없이 늙으리라

□ 감상

자연 속의 푸른 산, 흐르는 물, 청량한 바람, 밝은 달은 본성대로 세월에 얽매이지 않고 변함이 없이 세월 따라 변함없는데, 어찌하여 사람은 그렇지 못 하는지 서글프기만 하다. 작자 자신도 바람처럼 달빛처럼 병 없이 자연의 한 개체가 되어 자연을 벗삼아 늙어 가며 수명을 누리기를 바라는 무욕의 소심素心을 표현하고 있다.

* 成渾성혼(1535~1598)

조선 선조 때 율곡 이이와 절친한 학자로서 자연 속에 청산과 유수, 청풍명월과 자신을 서로 은유적으로 비교하면서 아름다운 자연처럼 병 없이 순탄하게 늙어 가고 싶어하는 심정을 참신하게 표현했다.

※ 時調시조

시조는 高麗 말부터 발달해 온 우리의 정형시定型詩로 초장, 중장, 종장의 삼장으로 되어 있다. 형식과 글자 수에 따라 평시조平時調, 엇시조旕時調, 사설시조辭說時調로 구분되며, 평시조는 45의 안팎의 자수로 대표적인 형식이다.

어버이 살아 신제

鄭澈정철*

어버이 살아 신제 섬기기 다 하여라
지나 간 후면 애달(닯)다 어이 하리
평생에 고쳐 못 할일이 이뿐인가 하노라.

ㅁ 감상

사람이 이 세상에 태어나고 자람은 부모님의 큰 은덕이다. 예로부터 어버이의 그 은혜는 하늘같아서 일생동안 아무리 정성을 다해도 갚을 수 없다 했다. 자식은 부모님의 사랑을 일생동안 받고 자라는데, 효성을 다해 공경하려 해도 기간은 길어야 30여 년에 불과하다. 부모님은 기다리시지 않고 앞서 늙으시어 세상을 먼저 떠나시니 한탄하들 어이하리. "樹欲靜而風不止수욕정이풍부지"하고 "子欲養而親不待자욕양이친부대"라. 나무는 조용히 있으려 하나 바람이 멈추지 않으며, 자식이 부모를 효양하려 하나 부모님은 기다리시지 않는다. 자식이 불효를 고쳐 뉘우쳐도 후회막급일 뿐이다. 부모님이 잠시 계실 때 지성으로 모시고 섬기며 인륜의 도리를 실천해야 한다. 성경에 "자녀들아 주 안에서 너희 부모에게 순종하라 네 아버지와 어머니를 공경하라 이것이 약속 있는 첫 계명이니라" 말씀하셨다. (에베소서 6장 1-2절)

* 鄭澈정철(1536~1593)

字는 계함季涵, 號는 송강松江이다. 인종의 귀인인 맏누이 덕에 궁중출입하여 후에 명종과 친교하고 李珥, 成渾과 교유하였다. 1561년에 進士試, 다음 해는 별시문과에 장원하여 좌, 우의정까지 이르렀다. 저서로 《관동별곡, 사미인곡, 송강집, 송강가사》 등이 있으며 尹善道와 함께 우리의 시가사상을 정립하는데 쌍벽을 이루었다.

동짓달 기나긴 밤

黃眞伊황진이*

동짓冬至달 기나긴 밤을 한 허리 베어내어
춘풍春風 이불 아래 서리서리 넣어 두었다가
정든 님 오신 날밤이어든 굽이굽이 펴리라

ㅁ 감상

이 시는 긴긴 겨울에 사랑하는 임을 그리워 기다리는 애틋한 여인의 마음을 참신한 상상력으로 표현하였다. 외로운 기나긴 밤의 한 허리를 잘라 차곡차곡 쌓아 금침 아래에 간직했다가 그리운 임이 오시는 날밤 고이고이 펴고 반겨 맞이하겠다는 여인의 맑고 고운 심경의 표현이 어쩌면 이리 한없이 곱다랗고 순수하고 정겹기만 하다.

* 黃眞伊황진이(? ~1530)

시인, 또는 黃眞娘, 妓名은 明月. 조선 중종 때 시문, 가무와 음률과 묵화에 탁월한 재능을 발휘한 개성출신의 명기였다. 뛰어난 미모와 詩才로 당시 생불로 불리던 지족선사知足禪師를 파계시킨 그녀지만, 당대에 대학자 서경덕徐敬德의 인품에 감화되어 무릎을 꿇고 사제의 도리를 지켰다는 일화는 유명하며, 서경덕의 박연폭포와 함께 「송도삼절松都三絶」로 불렸다.

靑山청산은 어찌하여

李滉이황*

청산靑山은 어찌하여 만고萬古에 푸르르며
유수流水는 어찌하여 주야晝夜에 긋지않는고
우리도 그치지 말고 만고상청萬古常靑하리라

ㅁ 감상

도산 12곡의 열한째 시이다.

사람은 자연의 한 존재로 살면서도 그 수명이 유한함을 서글퍼하며 무한한 자연의 존재와 광대함을 경외하여 교훈적 가치를 느껴 왔다. 변함없는 푸른 산과 밤낮 쉬지 않고 흐르는 물을 보며 명예와 권력의 이해타산을 따라 변절하지 말고 항상 맑고 푸른 기상으로 오래오래 살기를 다짐한다.

조선 초기 무학대사無學大師의 스승인 고려 나옹선사懶翁禪師(1320~1376)의 「청산은 나를 보고」를 연상케 하는 詩(생략)이다.

* 李滉이황(1502~1570).

호 퇴계退溪, 조선시대 영남학파를 이룬 학자이자 문신이다. 청렴결백한 학자적 인품으로 대제학 등 여러 관직에 올랐으나 사직하고 낙향하여 후진 교육에 힘썼다. 특히 明宗은 그의 인품과 능력을 인정하여 벼슬을 제수하였으나 고사하였다. 명종은 그 충정을 이해하고 「초현부지탄招賢不至灘」이란 유명한 시를 짓고, 도산서원에 몰래 화공을 보내 그의 초상과 풍경을 그려 「도산잡영」이란 병풍을 만들어 늘 곁에 두고 그를 흠모하였다는 일화는 유명하다. 저서로는 《退溪全書》를 비롯하여 《陶山十二曲》 등 많은 시가 있다.

菊花국화야

李鼎輔이정보*

국화야 너는 어이 삼월춘풍三月春風 다 지나고
낙목한천落木寒天에 너 홀로 피었느냐
아마도 오상고절傲霜孤節은 너 뿐인가 하노라

ㅁ 감상

국화는 매화 난초 대나무와 선비의 기품을 상징하여 四君子로 불린다. 국화는 모든 꽃들이 피는 봄 여름을 마다하고 낙엽이 다 떨어진 가을에 홀로 서리를 맞으며(傲霜孤節) 외로이 핀다.
그래서 국화는 낙향하여 은둔하는 선비의 고고한 기품과 신념과 변치 않는 굳은 절개와 인품을 연상시킨다.

* 李鼎輔이정보(1693~1766)

조선 후기의 문신, 호는 삼주三洲, 시호 문간文簡이다.
성품과 언행이 근엄하고 강직하여 경종과 영조 때 탕평책을 반대하는 '時務十一條'를 올려 여러 차례 고위 관직에서 파직을 당하며 고초를 겪었다. 그의 기상을 잘 나타내는 70여 수의 시가 전해진다.

묏버들 가려 꺾어

紅娘홍랑*

묏버들 가려 꺾어 임의 손에 보내오니
주무시는 방 창밖에 심어두고 보시와요
밤비에 새잎이 나거든 날인가 여기소서

□ 감상

함경도 경성에서 평사의 직임을 마치고 머나 먼 한양으로 가는 사랑하는 임인 고죽孤竹 崔慶昌을 영흥 함관령까지 배웅하면서 자기를 잊지 마시기를 애원하며 묏버들 가지를 정표로 꺾어 주고 애틋한 시를 지어 노래했다. 날은 저물고 서로 손을 놓지 못하는 홍랑의 흐느끼는 마음의 지고지순한 순정의 회포를 어이할까. 옛사람들은 정인과 이별할 때 버들가지를 정표로 주는 풍습이 있었다. 국문학자 梁柱東 박사는 최고의 걸작이라고 극찬하였다.

* 紅娘홍랑(연대미상)

함경도 홍원의 관기官妓로 시문에 뛰어났고 당대의 문장가인 孤竹 崔慶昌(1539~1583)이 경성의 부평사로 부임해 왔을 때 인연을 맺는다. 비록 기녀이지만 성품과 정절이 곧아 얼마 후 최경창이 와병 중이라는 소식을 듣고 7일을 걸어서 한양에 가서 고죽을 지성으로 간병하여 완쾌되었다. 그 후 몇 년이 지나서 그가 죽자 와병 중인 부인을 대신하여 정심으로 3년간 시묘살이를 다하고 애처롭게 일생을 마쳤다는 일화는 당시 많은 양반선비들을 감동시켰다. 해주 崔씨 문중에서 이를 갸륵히 여겨 족보에 이름이 올리고 최경창 부부의 묘 아래에 합장형식으로 봉장하였다.

春雨춘우

許蘭雪軒허난설헌*

春雨暗西池　춘우암서지
輕寒襲羅幕　경한습라막
愁倚小屛風　수의소병풍
墻頭杏花落　장두행화락

봄비

봄비는 보슬보슬 서쪽 연못에 내리고
찬바람이 들에 친 장막에 스며드는데
뜬 시름 못내 이기어 병풍에 기대서니
살구꽃은 송이송이 담장위에 떨어지네

□ 감상

춘정에 마음이 설레며 꽃들이 방창한 새봄을 맞는 여인의 마음엔 임에 그리움을 가눌 길 없다. 봄비가 흐르는 열린 사립문에 이어진 담장 위에 애처롭게 떨어지는 살구꽃 같은 애처로움과 마음엔 봄비 인양 하염없이 내리는 눈물은 그저 처량하기만 한데 기다리는 임은 지금 어디 계시 온지 소식이 없다.

* 許蘭雪軒허난설헌(1563~1589)

강릉의 명문가문 출신으로 본명 초희楚姬이다.

조선시대 3대 여류시인으로 《洪吉童》의 저자 허균許筠의 누이다.

결혼생활이 원만치 못한 처지를 詩作으로 위로하며, 여인의 섬세한 필치와 독특한 感性, 애상적인 詩風으로 명성을 떨쳐 중국에서도 《허난설헌집》이 발간되어 격찬을 받았다. 작품으로는 《遊仙集유선집》, 《貧女吟빈여음》, 《望仙謠망선요》 등이 있다.

悔恨회한

桂娘계랑*

東風一夜雨　동풍일야우
柳興梅爭春　유흥매쟁춘
對此最難甚　대차최난심
樽前惜別人　준전석별인

사무치는 뉘우침

동풍 불며 밤새도록 비가 내리더니
버들잎과 매화가 다투어 피었다네
이런 봄날 가장 견디기 어려운 것은
술잔 앞에 놓고 임과 헤어짐이라네

ㅁ 감상

사랑하는 임과 석별의 정을 나누기는 언제나 가슴 아픈 것인데, 봄비가 부슬부슬 내리는 밤에 연인과 마지막 술잔을 기울이며 애타는 마음을 봄비로 식히기가 어찌 이겨 참으리요.

매창(계랑)은 26세 연상의 시인인 정인 유희경劉希慶과 신분을 초월하여 가슴에 사무치는 애절한 사랑의 정담은 많은 세인에게 널리 회자되었다.

* 桂娘계랑(1513~1550)

호는 매창梅窓, 본명 이향금李香今이다. 조선 중종 때 전북 부안출신의 名妓로 가무, 한시, 시조, 현금弦琴 등 다재다능하였다. 文士 유희경를 사랑했는데 그가 한양으로 떠나고 소식이 없자 그를 사모하며 수절하다가 38세에 애처롭게 운명했다. 중국에까지 소개된 《매창집》에 100여 편의 시 중에 58여 수의 시조가 전해진다. 부안지방에서 매창으로 더 알려져 있다.

惜別석별

林悌임제*

十五越溪女 십오월계녀
羞人無語別 수인무어별
歸來掩重門 귀래엄중문
泣向梨花月 읍향이화월

석별

열다섯 살 아리따운 처자
부끄러워 말도 못하고 헤어졌네
돌아와 안팎 문을 닫고서
배꽃처럼 하얀 달을 보며 눈물짓네.

ㅁ 감상

이제 갓 결혼한 열다섯 살(經國大典에 결혼적령은 14세임)인 처자가 무슨 사연으로 낭군과 이별을 하는지, 언제 오시려는지 묻고 싶은 말도 많으련만 한 마디 말도 못하고 집에 돌아와서 문을 모두 닫고 중천에 밝은 달이 마치 임의 얼굴인양 하염없이 바라보며 눈물을 짓는 처자의 마음을 무슨 깊은 사연이 서리서리 쌓였는지 어찌 헤아릴 수 있으랴.

* 林悌임제(1549~1587)

조선시대 문신, 호는 白湖이다. 성격이 매우 자유분방하고 호탕하며 당파싸움을 개탄하여 명산대천을 유람하며 많은 글을 남겨 당대 풍유객으로 명성을 떨쳤다. 평양감사로 부임하던 길에 황진이의 묘에서 애도시를 짓고, 제사를 지낸 것이 화근이 되어 부임도 못하고 파직 당한 일화는 유명하다. 문집으로 《임백호집》, 《추성지》, 《花史》 등이 있다. 아래 시는 그의 황진이 哀悼詩 원문이다.

「청초靑草 우거진 골에 자난다 누워난다
홍안紅顔은 어디 두고 백골만 묻혀난다
잔 권할 이 없으니 그를 서러워하노라」

夢魂몽혼

李玉峰이옥봉*

近來安否問如何　근래안부문여하
月到紗窓妾恨多　월도사창첩한다
若使夢魂行有跡　약사몽혼행유적
門前石路半成沙　문전석로반성사

꿈 속에서

요새는 어떻게 지내고 계시는지 안부 여쭈워요
달빛이 은은한 창가에 선 첩은 한이 많이 쌓여
만약에 꿈속에라도 임이 오셨다가 가셨더라면
문 앞에 돌길이 벌써 반쯤은 모래가 되었겠지요

ㅁ 감상

그리워 기다리는 임이 오시기를 학수고대하는 그리움과 연모의 애정이 애원인양 미움인양 절절하게 담겨 있다. 꿈 속에라도 다녀가시면 집 앞의 돌이 임의 발길에 부셔져서 이미 모래가 되었을 것이라며 무정하고 야속한 임을 원망하는 마음이 애잔하고 애처롭기 그지없다.

* 李玉峰이옥봉(연대 미상)

본명은 이숙李淑, 호는 옥봉玉峰이다. 조선 중기에 許蘭雪軒허난설헌, 黃眞伊황진이와 3대 여류시인으로 꼽힌다. 충북 옥천 군수 李逢의 서녀로 태어나 특출한 고운용모와 어려서부터 글재주가 뛰어나 사랑을 받았다. 그러나 신분 때문에 조원趙瑗의 첩으로 살다 이혼하여 많은 애환을 겪으며 그를 사모하는 수십 편의 시가 《玉峰集》에 전해진다.

踏雪답설

西山大師서산대사*

踏雪野中去　답설야중거
不須胡亂行　불수호란행
今日我行跡　금일아행적
遂作後人程　수작후인정

눈길을 갈 때

눈 덮인 들판을 걸어 갈 때에는
모름지기 어지럽게 걸어가지 마라
오늘 내가 걸어간 이 발자취가
반드시 뒷사람의 이정표가 되리라

□ 감상

사람의 삶의 그 행적은 후대에 많은 사람들에게 귀감이 되는 자취를 남겨야 한다. 모름지기 학문과 인품을 닦아 모든 면에 흠이 없도록 인품과 언행에서 칭송을 받는 귀감이 되는 밝은 삶의 자취를 남겨야 한다는 깨달음을 갖게 한다.

* 西山大師서산대사(1520-1604).

명승으로 字 玄應, 號 西山이다. 조선 明宗 4년 승과에 급제하고 임진왜란 때 승병 1500여 명을 모집하여 팔도십육도총섭이 되어 한양 도성을 회복하는데 공을 세웠다. 승병을 제자 惟政에게 맡기고 평북 묘향산 원적암에서 일생을 보냈으며 저서 《淸虛堂集청허당집》이 있다. 조선 후기 이양연李亮淵(1771-1853)도 같은 내용의 글을 지었는데 踏→穿, 日→朝, 作→爲로 세 글자만 다르게 표현했다.

看鏡간경

金炳淵김병연(金笠 김삿갓)*

白髮汝非金進士　백발여비김진사
我亦青春如玉人　아역청춘여옥인
酒量漸大黃金盡　주량점대황금진
世事纔知白髮新　세사재지백발신

거울을 보며

머리가 흰 너는 김진사가 아니더냐
나 역시 청춘 땐 옥처럼 고왔었다
주량이 점점 느니 돈은 다 떨어지고
세상일 알만하니 백발이 되었도다

ㅁ 감상

김삿갓도 젊은 시절에는 호연지기의 기상으로 부끄러움과 주저함을 젊음의 참 도리로 여겼다. 하지만 유수 같은 세월의 풍진에 묻혀 속절없이 그 젊음과 기백은 사라지고 이제 인생사를 헤아려 알만 하니 늙음과 백발은 마음과 육신을 돌아보게 한다.

* 金笠김립(김삿갓 1807~1863)

본명 김병연金炳淵이다. 순조純祖 때 권세가문 壯洞 金씨 가문에 출생하였다. 할아버지 金益淳이 홍경래난 때 투항한 죄로 멸족당하여 6세에 도움으로 황해도 곡산으로 피신한다. 그 후 조부의 죄가 자손에게는 면책되어 과거시험에 응시하여 조부의 죄를 힐책하는 시제로 장원급제한다. 그러나 어머니로부터 조상을 욕되게 했다는 책망을 듣고 자책하여 처자식을 떠나 삿갓으로 하늘을 가리고 죽장竹杖을 벗삼아 팔도를 유랑하며 시문과 술로 낙을 삼고 일생을 살았다. 이 시는 방랑생활 한평생에 고왔던 청춘은 간데없고 백발이 되어 인생무생함을 한탄한 시다.

曲江곡강*

- 詩 '곡강 1' 첫 연聯의 8행 중 4행임

杜甫두보*

朝回日日典春衣　조회일일전춘의
每日江頭盡醉歸　매일강두진취귀
酒債尋常行處有　주채심상행처유
人生七十古來稀　인생칠십고래희

곡강

조정에서 돌아오면 날마다 봄옷을 잡히고
매일 강언덕에서 만취해서 집으로 돌아오네
가는 곳마다 외상 술빛이 늘 있기는 하지만
인생이 칠십을 살기는 예로부터 드물다하네.

ㅁ 감상

인생이 살면 얼마나 오래 살겠는가. 70년도 채우지 못하는데 좋아하는 술이나 마음껏 즐기고 시를 읊으며 살리라. 하지만 술빚은 어느 세월에나 갚을런지 걱정이지만, 오히려 애주가 두보의 호탕한 여유로운 인생관은 낙천적이다. 칠십도 못사는 인생인데 좋아하는 술을 즐기며 원망보다는 운명이라 감내하며 달관의 경지에 이른 인생관이 한 시대를 풍미한 호걸답다. 마지막 절구의 '古來稀'에서 '70세'를 뜻하는 '古稀고희'와 '稀壽희수'의 어휘가 파생되었다.

* 杜甫두보(712~770)

字 子美, 號는 小陵, 중국 최고의 詩聖이다. 6세부터 시에 재능을 보였는데 청년시절부터 술을 좋아하였고, 24세부터 불의와 부정사회에 저항하며 명산대천을 유랑하면서 대표적인 五言律詩 1400여수와 걸작 《秋興추흥》, 《麗人行여인행》, 《杜甫工部集두보공부집 20권》을 남겼다. 11살 연상인 李白을 그의 스승이자 친구로 교류했음에도 詩聖으로 존경받았다. 그의 시풍은 사실적이며 삶의 고달픔과 인생의 고뇌와 나라와 가족 사랑을 높이며 타향에서 고달픈 삶을 쓸쓸히 거두었다. 고려시대부터 조선시대까지 우리의 시조문학에 크게 영향을 주었다.

* 曲江곡강

북경 장안에 있는 명승지로 당나라 玄宗현종이 楊貴妃양귀비와 뱃놀이를 자주 즐기던 풍광이 수려한 강이다.

月下獨酌월하독작

李白이백*

花間一壺酒　　화간일호주
獨酌無相親　　독작무상친
擧盃邀明月　　거배격명월
對影成三人　　대영성삼인

달 아래서 홀로 술 마시다

꽃밭 가운데 술항아리 하나 놓고
대작할 이 없어 혼자서 마시니
잔을 들어 밝은 달을 불러오고
그림자와 더불어 셋이 되었다네.

□ 감상

이백은 당대에 詩仙과 애주가로 명성을 떨쳤는데 그의 시상과 시풍은 취흥에서 풍겨난다고 할 정도로 애주가였고 낭만적이며 동양적인 섬세함을 지니고 있다. 중국속담에 "이태백도 술병이 날 때가 있다"는 말이 있다. 당나라 玄宗은 그를 아껴 술로 인해 건강을 해칠까 염려하여 금으로 만든 술잔을 하사하고 이 잔으로 하루에 석잔 이상 마시면 벌을 주겠다고 했다.

그러나 이태백은 그 금잔을 최대한으로 넓게 펴서 말술을 맘껏 마시며 즐겼다고 한다고 한다. 역시 애주가 이태백다운 기발한 기지와 풍유가 천하제일임을 돋보이게 하는 일화다.

* 李白이백(701~762)

字는 太白태백, 號는 青蓮居士이다. 중국 詩聖 두보와 『李杜이두』로 병칭하며 시문학사에 泰山泰斗를 이루는 최대의 詩仙으로 불린다. 시풍은 감성적이고 풍류적인데 9100여 수의 詩를 남기며 일생동안 술과 낭만적 인생관은 그의 문학과 철학사상의 원천이 되었다. 이백은 애교와 재치 있는 과장 표현으로 오히려 탄성을 짓게 하는데 실제는 30여 m의 廬山여산 폭포를 3천 척라했으니 과연 하늘에서 은하수의 星流가 쏟아짐과 같다 한들 누가 일러 감탄하지 않으랴. 자유로운 인간성과 자유를 구가하였고 詩想의 기반은 신선적인 취흥이었다. 역사가 王琦왕기가 저술한 《李太白 詩》, 《이태백 全集》 등이 있다.

花非花화비화

白居易백거이*

花非花 霧非霧　화비화 무비무
夜半來 天明去　야반래 천명거
來如春夢幾多時　래여춘몽기다시
去似朝雲無覓處　거사조운무멱처

꽃은 꽃이 아니요

꽃은 꽃이 아니요 안개도 안개가 아니로구나
깊은 밤이면 찾아오나 날이 밝으면 떠나가네
봄날의 꿈처럼 오지만 얼마 머물다 가야하나
떠나면 아침구름처럼 간곳초자 없이 사라지네

□ 감상

詩에서 꽃과 안개는 자연과 인간사에서 과연 무엇을 은유적으로 나타내는지 생각해 보게 한다. 잠시 피었다 지는 꽃 같은 젊은 시절, 잠시잠깐 보였다 사라지는 아침안개와 구름 같은 인생이 아닌가. 사랑도 명예도 부귀영화도 허망한 일장춘몽이니 애달프기만하다.

* 白居易백거이(772~846)

이름은 居易, 字는 樂天낙천 雅號는 香山居士이다. 이미 6세에 시를 지었고 29세에 進士에 합격하였다. 시와 거문고와 술을 北窓三友할 만큼 시문, 음악에 탁월했다. 당시 唐나라의 대문장가로서 문집 71권에 3800여 수의 시를 남겼다. 玄宗과 양귀비의 사랑을 노래한 《長恨歌장한가》, 《琵琶行비파행》과 특히 불교에 심취하여 향산사에 운둔하여 지은 《遊悟眞寺詩유오진사시》는 불멸의 걸작이며 중국의 대표적인 諷喩詩人이다.

洗兒戲作세아희작

蘇東坡소동파*

人皆養子望聰明　인개양자망총명
我彼聰明誤一生　아피총명오일생
惟願孩兒愚且魯　유원해아우차로
無災無難到公卿　무재무난도공경

아이를 목욕시키며

사람들은 누구 다 자식이 총명이 자라기를 바라지만
자신은 그 총명으로 나의 일생을 오히려 그르쳤으니
오로지 소망은 천진한 아이가 어리석고 또 노둔하여
재앙 없이 무난하게 평범한 벼슬로 살아가기를 바라네

□ 감상

부모들은 천진한 아기를 목욕시키면서 무슨 생각을 할까? 사람마다 자식이 커서 훌륭한 인물로 출세하기만을 바랄까? 소동파는 자식이 총명하여 출세하려다 일생을 그릇되게 사느니보다 좀 어리석고 미련해도 험난한 세상에서 별탈없이 무난하고 건강하게 살아가기를 바라는 부모의 소박한 소망과 염려를 나타내고 있다. 대체로 모든 부모들은 오로지 명예와 부귀영화를 위해, 부모의 대리만족을 위해 자식에게 지나치게 많은 것을 기대하는 경향이 있다.

* 蘇東坡소동파(1037~1101)

이름은 蘇軾소식, 字는 子瞻자첨, 雅號는 東坡居士이다. 22세에 進士에 급제한 중국 宋나라의 詩文書畵에 총명하고 뛰어난 문장가로서 唐·宋의 8大家 중에 한 사람이며 해학좌담에 재능이 탁월했다. 그의 능력에 비해 관운은 파직, 7년의 유배생활 등으로 순탄치 못했다.

문학사상은 인본주의에 입각한 哲學思想이 깃들어 있으며, 일생일대에 불후의 명작인 《赤壁賦적벽부》 등의 글을 남겼다.

四時사시

陶淵明도연명*

春水滿四澤　춘수만사택
夏雲多奇峰　하운다기봉
秋月揚明輝　추월양명휘
冬嶺秀孤松　동영수고송

사계절四季節

봄에 물은 사방 곳곳 연못마다 가득하고
여름날에는 구름은 산봉우리처럼 떠있네
가을밤에 떠있는 달은 밝은 빛을 비추고
겨울산마루엔 수려한 소나무 외로이 섰네

ㅁ 감상

봄, 여름, 가을, 겨울은 사람마다 그 느낌이 다르다.
자연 속에서 무상한 세월에 그냥 무심히 섞여서 흘러서
가지 말고 인생관, 사상, 직업, 취향에 따라 계절의 풍치를
음미하며 자연의 변화에 적응하면서 그 안에서 순수함과 철학,
새로운 자아自我와 인생관을 발견하여 위안을 받으며 살으리라.

* 陶淵明도연명(365~427)

이름 潛, 字는 淵明이다. 29세에 벼슬에 올랐으나 41세에 사임하고 田園生活에 심취하여 걸작인 《歸去來辭귀거래사》를 목가적인 감흥으로 표현했다. 문학사상은 자연적이고 온화한 인간미를 내포하여 당시에 많은 영향을 주었으며, 五言體詩 47편과 《五柳先生傳오류선생전》, 《挑花源記도화원기》 등 산문집이 있다.

ㅁ 영시英詩

The Arrow and The Song

Henry W. Longfellow*

I shot an arrow into the air,
It fell to earth, I knew not where.
For, so swiftly it flew, the sight
Could not follow it in its flight.

I breathed a song into the air,
It fell to earth, I knew not where;
For who has sight, so keen and strong
That it can follow the fight of song?

Long, long afterward, in an oak,
I found the arrow, still unbroken;
And the song, from beginning to end,
I found again in the heart of a friend.

화살과 노래

헨리 워즈워드 롱펠로
김낙연 옮김

나는 화살 하나를 창공蒼空으로 쏘았네,
화살은 땅에 떨어졌지만 나는 그곳을 몰랐네;
화살은 너무 빠르게 날아가니
누구의 시선도 그 날아감을 따를 수가 없었네.

나는 하늘을 향해 노래를 불렀네,
노래는 땅에 떨어졌으나 나는 그곳을 몰랐네;
누가 예리하고 밝은 눈을 가지고 있으니
그 노래의 날아감을 따를 수 있으랴?

오랜 긴 세월이 흐른 뒤에야 어느 참나무에서,
여전히 부러지지 않은 채 꽂힌 화살을 찾았네;
그리고 그 노래도 처음부터 끝까지
어느 연인의 가슴속에 있음도 다시 깨달았네.

ㅁ 감상

인간은 태어나면 하늘을 향해 큐피트의 사랑의 상상의 화살을 쏘며 사랑의 세레나데를 노래한다. 그러나 그 화살과 그 노래는 어디로 날아가 누구의 가슴에 깊이 간직되어 있는지 모른다. 세월이 지나간 후에 참나무처럼 강인한 지조와 그윽한 미덕을 지닌 戀人의 깊은 가슴에서 그 화살을 찾게 되고 그 노래를 다시 듣고 사랑을 이루게 된다는 낭만적인 시다.
영국의 계관시인 Alfred Tennison도 The Oak(참나무) 시에서 나무를 은유적으로 인간의 지조와 인성에 비유하여 예찬하였다.

* Henry W. Longfellow(1807~1882)
미국 하버드 대학의 교수 출신의 명성 높은 서정적이고 낭만적인 시인으로 젊은이들을 매료시키는 아름다운 문체로 《Evangeline》, 《A Psalm of Life》, 《The Voice of the Night》, 《The Legend of Gold》 등의 작품이 있다.

Why Repine

Walter S. Landor*

Why, Why repine, my pensive friend,
At pleasures slipt away?
Some the stern Fates will never lend
And all refuse to stay.

I see the rainbow in the sky,
The dew upon the grass,
I see them, and I ask not why
They glimmer or they pass.

With folded arms I linger not
To call them back, 'twere vain;
In this, or in some other spot,
I know they'll shine again.

왜 탄식歎息하는가

월터 새비지 랜더
김낙연 옮김

수심에 잠긴 친구여, 사라져버린 즐거움
어찌하여 애처로이 탄식하는가?
가혹한 운명은 어떤 것도 돌려주려 않고
모든 것은 그냥 머물러 있지도 않네.

나는 하늘에 떠있는 고운 무지개와
풀 위에 맺힌 맑은 이슬을 보네
무엇 때문에 그들이 빛을 내면서도
사라지는 그 까닭을 묻지도 못하네.

팔짱을 끼고 그들을 다시 불러보려고
머뭇거리진 않지만 그것들은 헛된 것이네.
이곳에서 또 어느 다른 곳에서
그들은 다시 바짝 일 것을 나는 아네.

□ 감상

본래 인간의 삶이란 화려하고 즐거운 것 같아도 잔인한 운명의 사슬에 묶여 끌려갈 수밖에 없다. 진정으로 화려하고 낭만적인 것은 인간이 의지하고 살아오도록 혜택과 깨달음을 베풀어 준 신비로운 우주와 그 안에서 일어나는 모든 자연현상들인 것이다. 그러므로 인간은 신의 섭리와 자연 앞에서 언제나 가식을 모두 버리고 한없이 정직하고 겸손해야 한다. 반추해 보면 과거는 회한과 탄식할 일이다. "어떻게 늙어야 하는지 아는 사람은 거의 없다"는 유대인의 잠언을 묵상해 본다.

* Walter Savage Landor(1775~1864)
영국의 대표적인 계관시인桂冠詩人인 그는 《Why Repine》 외에도 자연현상에서 인간의 운명적인 비애와 고뇌를 수려한 문체로 묘사했다. 서사시 《게비르Gebir》와 주옥같은 《Rose Eilmer》, 《Pericles and Aspasia》 등이 있다.

Light

Francis W. Bourdillon*

The night has a thousand eyes,
The day but one;
Yet the light of the bright world dies
With the dying sun.

The mind has a thousand eyes,
And the heart but one;
Yet the light of a whole life dies
When its love is done.

빛

프랜시스 윌리엄 부어딜론
김낙연 옮김

밤엔 천개의 눈이 있고
낮은 오직 하나의 눈이 있다
하지만 밝은 세상의 빛은 지는 해와 함께
사라지고 만다.

마음엔 천개의 눈이 있고
가슴엔 오직 하나의 눈이 있다
하지만 한 평생의 빛은 사랑이 끝날 때에
사라지고 만다.

□ 감상

밤에 별이 아무리 많아도 하나뿐인 태양만큼 밝지 못하다. 아무리 많은 사람을 사귀어도 진정으로 사랑하는 한 사람에게 느껴지는 기쁨과 행복의 의미를 초월하지 못한다. 자신의 마음과 생명을 바쳐서 사랑하는 사람은 이 세상에 오직 한 사람 뿐이리라. 그러한 사랑은 이 세상에서의 삶이 끝날 때에 자신의 생명의 빛도 함께 사라질 수 있다면 그것은 진정한 사랑일 것이다. 그러면 내 가슴에서 반짝이는 오직 하나인 빛과 같은 그는 누구일까? 인간관계의 사랑은 Agape, Eros, Philia, Storge으로 구분한다.

* Francis W. Bourdillon(1852~1921)
영국시인으로 간결하면서 깊은 상상과 의미를 가진 간단한 형식으로 많은 청춘남녀들이 애송하는 시를 많이 썼으며, 그의 시에는 작곡되어 널리 애창되고 있는데 이 시는 그 중에 하나다. 《Among The Flowers and Other Poems》는 대표적인 작품이다.

A Rainbow

William Wordsworth*

My heart leaps up when I behold
A rainbow in the sky;
So was it when my life began,
So is it now I am a man,
So be it when I shall grow old,
Or let me die!
The Child is father of the Man;
And I could wish my days to be
Bound each to each by natural piety.

무지개

윌리엄 워즈워드
김낙연 번역

하늘에 무지개를 바라보면
내 가슴은 설렌다
내 인생이 시작했을 적에도
그랬었고
어른이 된 지금도 역시 그러하다.
내가 늙어서도
또는 죽어도
변함이 없으리라!
어린이는 어른의 아버지이니
그러기에 나의 하루하루가
자연의 경건함으로
서로서로에게 이어지기를 소원한다.

ㅁ 감상

추억은 꽃처럼 아름답고 향기롭다, 누구에게나 어릴 때의 추억이 깊은 감동으로 일생동안 함께한다. 파란 하늘에 반원형의 7빛깔의 무지개를 보았을 때, 그 감동은 자연의 신비한 놀라움과 아름다움에 탄복하며 매료된다. 어린아이 시절 자연에 대한 신비와 경건함이 어른이 되는 일생동안 자신뿐만 아니라 자녀의 인성에게까지 대대로 큰 영향을 준다. 그래서 The Child is Father of the Man(세살 버릇 여든까지 간다.)은 영국인들이 자녀교육에 많이 인용하여 훈계하는 속담 중에 하나다.

* William Wordsworth(1770~1850)

영국의 낭만파 시인으로 자연과 주변의 평범한 자연현상을 소재로 간결한 서정적인 詩語로 표현하였다. 유명한 계관시인으로서, 《Rainbow무지개》, 《The Song of Lucy루시의 노래》는 영국인들이 애송하는 시이며 대표적 시집으로 《The Prelude 序曲》, 《The Walk of Night 저녁의 산책》, 《The Excursion 逍遙소요》 등이 있다.

What Though Life Conspire to Cheat you

- 러시아어로 쓴 시를 영어로 번역된 것을 옮김

Aleksander S. Pushkin*

What though life conspire to cheat you,
Do not sorrow or complain.
Lie still on the day of pain,
And the day of joy will greet you.

Hearts live in the coming day.
There's an end to passing sorrow.
Suddenly all flies away,
And delight returns tomorrow.

삶이 그대를 속이더라도

알렉산더 세르게예비치 푸쉬킨
김낙연 옮김

삶이 비록 당신을 속일지라도
슬퍼하거나 원망하지는 말아요.
고통의 날을 묵묵히 참고 지내면
기쁨의 날이 당신을 반겨 맞으리라

마음은 다가오는 미래에 사는 것이니
스쳐가는 슬픔은 언젠가는 끝나지요
모든 것들은 덧없이 사라지고
기쁨은 내일에 다시 돌아오리라

□ 감상

칸트는 "인간은 과거를 거울로 삼아 현재에 산다"고 했다. 과거를 교훈으로 미래를 위해 현재를 보람 있고 성실하게 살아가라고 한다. 그러면 현재의 삶은 미래의 환상이며, 현실은 앞으로 다가오는 날에 삶을 좌우하는 것이다. 인간의 슬픔은 모든 것이 사라지는 날에 끝난다는 그날은 누구에게나 공평하게 다가옴으로 운명과 숙명의 탓이라며 체념하며 비관함은 오히려 경계해야 할 것이다.

* Aleksander S. Pushkin(1799~1837)
러시아의 귀족가문의 출신으로 국민적 시인으로 낭만주의와 Realism의 문학사상을 확립하여 근대문학의 기초를 닦았다. 대표작으로 Romantism 사상이 강한 대서사시 《대위의 딸》, 《집시》, 《벨킨 이야기》 등 많은 작품을 남겨 세계문학사에서 높이 평가되고 있다.

Lorelei

Heinrich Heine*

(Translated by Frank in English, 1998.)

I cannot determine the meaning
Of sorrow that fills my breast;
A fable of old through it streaming,
Allows my mind no rest.

The air is cool in the gloaming
And gently flows Rhine*;
The crest of the mountain is gleaming
In fading rays of sunshine.

The loveliest maiden is sitting
Up there, so wondrously fair;
Her golden jewelry is glistening
She combs her golden hair.

She combs with a gilded combs, preening,
And sings a song, passing time;
It has a most wondrous, appealing
And powerful melodic rhyme.

* (5, 6연은 생략함)

로렐라이

(Frank가 1998년에 영어로 번역함)
김낙연 옮김

마음을 가득 채우는 슬픔의 뜻이
무엇인지 그 까닭을 알 수 없으니
예로부터 전해오는 이야기는
멈추지 않고 마음에 물결치고 있네.

싸늘한 바람이 불며 햇빛이 드리우니
라인 강은 고요히 흐르고
산봉우리 바위*는 지는 노을빛에
찬란히 물들어 우뚝 솟아 있네.

아주 우아한 고운 자태로
너무나 아름다운 아가씨가 앉아
치장한 황금빛 장식을 반짝이며
금발의 머릿결을 꾸미고 있네.

금박 입힌 빗으로 곱게 빗질하며
지나간 시절을 노래하는데
얼마나 간절히 애원을 하는지
강렬한 멜로디의 가락에 젖어 있네.

□ 감상

이별한 그리운 연인과 배를 타고 라인 강을 유람하던 지난날의 아름다운 추억을 회상한다. 라인 강변의 산등성의 바위가 마치 옛 연인 듯이 저녁 노을빛을 받아 우아한 자태로 앉아 머리를 빗으며 노래하는 정다운 연인의 환상으로 다가온다. 가슴에 다시 스며오는 가버린 사랑의 정열을 어찌 저 물결에 흘려보낼 수 있으리! 스치는 바람에 실어 보낼 수도 없으니 가슴에 애련하게 떠오르는 그리운 정인이여! 두 번 실패한 사랑의 애수를 마음에 품고 척추결핵으로 쓰러지는 순간까지 옛 정인의 환상적인 모습과 하염없는 그리움과 사랑을 어찌 잊으려 한들 잊을 수가 있으랴!

* 하이네(1797-1856)

독일 본 대학, 베를린 대학에서 법학을 전공했으나 문학에 심취했다.
사촌 누이와의 실연을 겪은 후, 영국, 이탈리아 여행하며 시상을 정화했다.
하이네는 고전주의적이고 낭만적인 사고를 가진 서정적인 시인으로 실연 중에 집필하였다. 「노래책」은 그의 명성을 높혔다. 1931년에 프랑스로 망명하여 척추결핵으로 투병 중에 뜻밖의 여인인 엘리제의 간병을 받으며 쓴 「겨울이야기」, 「로만체로」 등 시집을 발간했다. 그의 많은 작품이 유명한 작곡가 슈베르트에 의해 민요풍의 선율로 작곡되어 애창되었는데 로렐라이(노랫말은 시와 조금 다름)도 그 하나다. 독일의 철학자 니체는 하이네를 19세기를 화려하게 장식한 대표적인 시인으로 극찬했다.

* 妖精요정의 바위

라인 江기슭에 오른쪽 산등성 높이 우뚝 솟은 커다란 바위로 '요정의 바위'라 불렸다. 많은 뱃사공들이 그 요정妖精의 환상적인 노래에 넋을 잃고서 바라보다 배가 물결에 휩쓸려 난파했다. 하이네는 이러한 전설을 민요풍의 서정적인 戀詩로 슬프고 아름답게 묘사했다.

내 마음에 물망초勿忘草(Forget Me Not)

최홍규崔鴻圭
중앙대학교 교수 · 명예교수
문학박사 시인 · 문학평론가
사단법인 한국시인연대 회장

김 시인과 나는 중앙대학교 문리과대학 영어영문학과 동기동창생이다.

시집을 내려는데 나에게 해설을 쓰라고 하여서 전에도 썼으니 다른 사람이 쓰면 더 좋을 것이라고 했다. 그런데 그는 이 시집이 자기 생애에 마지막 시집일 수도 있다고 하여 숙연한 마음으로 그 이유를 물었더니 "이제 우리는 늙었다"고 말했다. 그래서 나는 승낙을 하면서 그와의 교우관계 추억을 서두에 쓴다.

대학에 입학하여 56년의 세월이 한강물처럼 흘러갔다. 우리는 20대 젊은 날, 한 교실에서 섹스피어의 희곡, 제임스 조이스, 헤밍웨이 소설, 그리고 밀턴, 워드워즈, 로버트 프로스트의 시를 함께 읽었다. 김 시인과 나는 부지런하고 공부도 잘 했다.

그는 나보다 더 성실하여 교직과목과 ROTC 교육도 받았다. 나는 교직과목만 하기도 힘들었다. 그 때는 기본 학점 160점에 교직학점 20학점을 더해야 했다. 연세대학교 음악대학에 다니던 나의 누이동생은 "오빠는 고등학생처럼 매일 학교에 간다"고 할 만큼 열심히 학과공부에 몰두했다. 김 시인은 영어영문학에 어울리는 서정적이면서 다양한 시적인 감성을 갖춘 시인이라 생각한다.

김 시인의 원고를 모두 읽어 본 전체적인 느낌은 사랑(가족사랑, 이웃사랑, 인연, 행복, 성찰과 자아발견, 겸양과 순수의 기독교 정신 등이 주안점Keynote이라고 생각한다. 자신을 아는 것은 남을 아는 것보다 더 어려운데 김 시인은 남을 돌아보며 남을 사랑하고 배려할 수 있는 마음의 자아를 발견하여 수련한다.

그대 아그네스 수녀님이시여
님은 초향草香이 그윽한 새아침에 피어난
해맑은 한 송이 고운 백합화였지요

님은 세속을 떠나 일생을 순결하게 살리라
다짐의 초심을 고인 간직한 채
외면한 애달픈 인연들을 가슴에 묻은 채
애상에 젖은 은은한 향기를 지닌 채
청초한 모습으로 지고지순하게 사셨지요
내내 곱게 피어 있다 스쳐간 한 송이 꽃이였지요
....

님이 먼저 가시니 적막한 세상 어디서
위로를 받으리오
평안을 받으리오
오로지 한 마음으로 님을 연연불망戀戀不忘하며
애달픈 연민의 길을 고이고이 가리이다

그리운 님이시여
하늘나라에서 그 언제 다시 뵈올 때까지
인애하신 주님의 품에 안겨
아름답게 그 모습대로 피어 영생하소서.

- '내 마음에 물망초勿忘草' 첫 두연, 끝 두연 -

윤 아그네스 가톨릭 수녀님의 선종을 애도하면서 쓴 추도시追悼詩다.

김 시인은 프로테스탄트이다. 개신교 신자로서 가톨릭 수녀의 죽음을 이렇게 애절하고 진실하게 애도하는 그의 사랑과 배려는 기독교 신자로서 하나님의 사랑이 신앙정신에 배어 있다. 그와는 반세기 이상을 친구로 지내면서 가톨릭 신자인 나는 신구교에 관한 토론이나 다툼이 한 번도 없었다. "기독교 신자는 오직 하나님을 신실히 믿고 공경하며 성경을 열심히 읽고 그 속에서 진리를 깨닫고 실천하며 복음을 전하는 것이므로 가톨릭과 개신교의 종교정신은 같다" 것이 그의 종교관이다. 그는 신앙심이 독실하신 부모님의 모태신앙에서 태어나서 성장한 순수한 신자이다.

물망초는 옛날 독일에서 결혼을 약속한 사랑하는 남녀가 다뉴브강가를 산책하다가 강변의 바위틈에 피어있는 보랏빛의 예쁜 꽃을 본 여자는 그 꽃을 갖고 싶어했다. 남자는 꽃을 꺾다가 발을 헛디뎌 그만 거센 강물에 빠졌다. 그는 꽃을 애인에게 던져주며 "나를 잊지 말아요(Forget Me Not)"라는 한 마디를 남기며 물결에 휩쓸려 익사했다는 애처로운 전설을 간직한다. 聖 아그네스Saint Agnes(291-304)는 처녀로서 "예수그리스도 이외에는 배우자가 없다"고 하며 로마에서 순교하였다.

그의 영세 명 '아그네스'는 '순결純潔'의 뜻이며 많은 청순한 여성 가톨릭 신자들이 세례명으로 선호한다.

나뭇가지에 소복한 봄눈 녹이고 나온
연홍빛 매화송이
가슴에 청초히 머문 그대 닮으니

창문 열고 맞기엔 처연하고
토방에서 보기가 그래도 애잔하여
가까이 다가 마주서 보듬네

긴 겨울 찬 시림에서 견딘
그대의 선연한 모습
예전처럼 정겨움이 더욱 깊어지니

바람처럼 스쳐간 그 시절
플로라Flora가 틔워준 정情

올해도 눈 속에서 애끓어 꽃으로 피어나네.

- '정인情人' 전문 -

이른 봄에 피어난 매화꽃을 의인화擬人化하여 꽃을 인격체로 보고 사랑하는 정인에 비유했다. 하나님의 모든 피조물을 사랑의 대상으로 보는 기독교의 사랑관이다. 끝의 두 연에서 꽃과 사람을 비유했다. 그 대상은 누구일까? 시인은 사랑하는 아내를 아름답고 청초한 매화꽃같이 생각하는 Romantic feeling을 포함한 詩다. 세월이 지나 늙어도 '예전처럼 정겨움이 더욱 깊어지니 '바람처럼 스쳐간 그 시절'은 많은 것을 변하게 하지만, 그래도 변치 않는 정인은 소복한 봄눈을 녹이고 나온 매화송이 같은 대상은 바로 아내뿐이다. 플로라Flora는 로마신화의 '꽃의 女神'이다.

오열하며 너의 이름을 부르다
비탄에 목이 메어 아픈 가슴은
피눈물만 한없이 고여
노을바다가 된다

혼심魂心을 다해 수繡를 놓듯이
한 땀 한 땀 엮어온 정情과 정
한기에 싸여 애절히 울부짖으며
속절없이 싸늘히 식어가는 너의 영혼!

간직하려니 너무나도 애달파서
잊으려 하니 너무나도 그리워서
나도 너를 따라
내 안에 지는 꽃이 되어야 하리.

- '애정哀情'의 첫 연 끝 두연 -

여기서 애정(哀情)은 슬픔-Sorrow, Sadness, Grief이다. 세월호 참사의 희생자들의 명복을 기원하며 쓴 시이다. "비탄에 목이 메어 아픈 가슴은/ 피눈물만 한없이 고여/ 노을 바다가 된다." 바다 같은 슬픔을 희생자 가족뿐만 아니라 온 국민이 지금도 느끼고 있다. 희생자들은 저마다 가정에서 밝은 빛을 발하는 소중한 별이었고 아름다운 꽃이었다. 온 국민에게 잊을 수 없는 커다란 슬픔을 안겨 준 몸서리치는 비극이었다. 이 한 편의 시가 세월호의 참상의 비통함을 애절하게 응집하고 있다.

부모님과 만남의 은덕으로 태어나
아름다운 이 세상
그 안에서 살기에 행복합니다

천상의 연분으로
당신과 만나 가정을 이루고
그 사랑 안에 있기에 행복합니다

당신과 받은 사랑의 선물인
사랑스런 자녀들과 만남으로

가족을 이룸은 가장 큰 행복입니다

당신과 이룰 소망을 향해
고난을 헤치며 나가니
미래에도 그대와 있음에 행복합니다

신의 가호와 은총으로
해로하며 세상살이 다 마치면
낙원에서 당신과 다시 만나리니 행복합니다.

- '만남의 행복' 전문 -

부부의 만남과 사랑이 세상에서 가정을 이루어 행복한 삶을 살며, 낙원에서 다시 만나서 영원한 행복을 누리기를 바라는 염원이 가득찬 시이며 기도문이다. 부부가 기독교인이며 서로 사랑하고 함께 기도하는 천상의 배필이며 하나님이 인도하시는 모범가정이다. 김 시인의 부부사랑은 대학동창들, 교회신도들, 이웃 사이에 널리 소문이 자자하다. 기독교 신앙심을 바탕으로 한 고귀한 만남의 행복이 영원하기 바라며 하염없이 부럽기 만하다.

세월 따라 초롱초롱한 자녀들 낳아 기르시며
늘 함박웃음으로 고달픔 삭이시고
자녀양육에 가시고기처럼 쏟으신 모성애
그 넓음과 깊이는 감히 헤아릴 수가 없습니다

그새 정작 세월의 매정함을 어이 몰랐으리
서리처럼 센머리 빗으시며
고운 살결 섬섬옥수는 진정 서글픈데
무정히 가는 젊음에 한번 내색도 안이하십니다.

- '모시대 꽃' 둘째, 셋째 연 -

이 詩도 역시 아내 사랑을 아름다운 시어로 형상화했다. 부부가 가정을 이루어 자녀를 낳아 키우며 행복한 가정을 이끌어 오느라고 아내의 섬섬옥수가 닳도록 애써온 것을 어찌 모를 남편인가? 김 시인의 아내는 '진정 영원한 고운 모시대 꽃이다. '모시대 꽃말'은 '영원한 사랑(모성애, 아가페Agape)'이다. 누구나 이 시를 읽으면 순박한 아내의 사랑과 헌신의 고운 추억들이 새록새록 떠오르게 하는 아내에게 바치는 헌시獻詩라고 믿는다. 이 시에서 주인공은 우리의 모든 어머니이다.

"오고 떠남도 자취없으니
(來去無定踪 래거무종정)
백년세월도 아득하여하라
(悠悠百年許 유유백년허)" *김인후

부모님의 은덕으로 태어나
많은 사람을 기쁘게 함은 천륜을 따름이고
불비하여 때가 되어 떠남으로
많은 사람을 슬프게 함도 천륜을 따름이다

아침안개처럼 잠시 세상에 나왔다
흔적조차 없이 쉬이 사라지니
백년의 긴 세월인들 어찌 길다하랴.

"머지않아서 여기 다시 와서
(重來期不遠 중래기불원)
티끌세상 영원히 벗어나리라
(永遠脫塵間 영원탈진간)"*김집

호연지기의 푸른 기상을 호사하며
청산에 올라서서 유유낙낙하던 시절
어제였던가 그제였던가
흰머리 치키며 다시 옴을 기약 못하니
찰나의 이승에 삶을 마치면
한 줌의 흙을 남기고 저승의 나그네 길을 가리라.

- '이승의 이별' 전문 -

이 시는 조선시대의 학자 김인후와 김집의 한시 내용을 현대시의 형식으로 응용한 일종의 퓨젼Fusion시이다. 매우 재치 있게 원시의 내용과 조화를 이룬 시상이 뛰어난다. 옛 선비들의 글을 읽으면 천륜을 따르는 여유와 생명의 원융한 인생관과 우주관을 엿볼 수 있는 매우 공감을 주는 고전적인 현대시로 이해된다.

김인후金麟厚(1510-1560)는 조선 후기의 문신으로 仁祖가 사망한 후 을사사화가 일어나자 신병을 이유로 고향 장성에서 일생동안 性理學 연구에 전념하여 지대한 공적을 남겼다. 이 글은 그의 시 「濟冲庵詩後 제충암시후」의 일부다.

김집金集(1574-1656)은 조선 중기의 탁월한 문신학자로 부친 金長生의 학문을 이어받아 예학禮學의 체계를 완성하여 기호학파畿湖學派를 확립하는데 큰 역할을 하였다. 이 시는 그의 「하산下山」의 일부다.

김 시인은 이번 시집의 제1부에서 5부까지는 다양한 에스프리트와 이미지를 함축한 자신의 시 86편과 제6부 '고전시 감상'에서는 한시에도 관심을 갖고 있어 우리의 고전시조와 한시, 중국한시, 영시 등 24편(총 110편)을 실었다. 또한 이해를 돕기 위해 적절한 주석을 첨가한 것과 '고전시 감상'에서는 자신의 감상을 곁들여 소개한 점이 다른 시집과 달리 관심을 끈다.

중국의 詩聖 孔子는 "옛 것을 배우고 익히는 이성과 지성으로 깨우쳐 새로운 것을 알 수 있다"는 뜻인 "온고지신溫故知新"의 말씀을 되새겨 보게 하는 매우 특색 있는 아이디어라고 높이 평가한다.

그 중에서도 인간의 삶과 부인과 만남을 소중히 여기며 행복한 삶을 시로 노래했다. 이 시집의 대 주제는 인간에 대한 사랑이라고 하고 싶다. 또한 삶의 법칙을 자연의 섭리에서 찾고자 했다. 기독교인으로서 기독교 정신이 이 시집의 바탕을 이루고 있다. 그리고 일생동안 이웃과 인연의 고리를 종교적 성찰을 통하여 터득하고 있음을 높이 평가한다.

이 시집에서 김 시인은 사랑의 모티프motif(중심사상)를 원숙한 문장력으로 형상화했으며, 시재의 선택에서도 다양한 에스프리트(문학적 재치)가 돋보인다. 각 주제를 적절한 은유, 풍자, 반어 등의 언어의 능력linguistic competence으로 소화하고 있다. 에즈라 파운드Ezra Pound는 "훌륭한 문학은 최대한으로 의미가 충전된 언어이다"고 한 말을 덧붙인다.

내 인생도상에서 만난 가장 선량한 심우心友(bosom friend)의 시집을 해설하고 나니, 천주교 신자인 나도 덩달아 이 세상에서 더욱 선량한 시적인 문학인이 된듯하여 기쁘기 그지없다.

내 마음에 물망초勿忘草

초판인쇄 2017년 5월 25일
초판발행 2017년 5월 30일

저자와의 협의하에 인지생략

저 자 김 낙 연
발행인 김 현 태
발행처 태영출판사

주 소 (08301) 서울 구로구 구로동 104-10 동남오피스텔 201호
전 화 02 · 839-3757, 839-3752
팩 스 02 · 837-3754
등 록 2005년 5월 30일 제12-421호
http://www.taeyeongbook.co.kr
E-mail tys2005@hanmail.net
ISBN 978-89-6302-214-7 03800
정 가 15,000원

* 잘못 만들어진 책은 교환해 드립니다.